Notre-Dame de Boulogne

LES GRANDS PÈLERINAGES

LETOUZEY ET ANÉ — PARIS

Les Grands Pèlerinages de France

NOTRE-DAME DE BOULOGNE

Par Mgr F. LEJEUNE

Prélat de la Maison de Sa Sainteté
Vicaire général honoraire d'Arras
Archiprêtre de Notre-Dame de Boulogne-sur-Mer

PARIS
LIBRAIRIE LETOUZEY ET ANÉ
87, Boulevard Raspail, 87
1925

IMPRIMATUR

Atrebati, die 18 Martii 1924,

† Eugenius
Epis. Atreb.

PRÉFACE

Cette histoire de Notre-Dame de Boulogne a été composée à la demande des éditeurs de la collection Les Grands Pèlerinages.

*On aurait pu reproduire, en le mettant à jour, un des ouvrages précédemment écrits sur le même sujet, l'*Histoire abrégée *de l'abbé Haigneré, par exemple.*

Il a semblé préférable d'entreprendre un nouveau travail. Car il importait de mettre en relief les traits les plus saillants de cette histoire glorieuse, afin qu'on se rendît mieux compte de ce qui la caractérise aux diverses époques.

C'est à cela que je me suis surtout appliqué. Le format imposé par les éditeurs exigeait que le récit de beaucoup de faits fût condensé. Il n'y avait pas là d'inconvénient, bien au contraire. Les détails trop développés risquent de faire perdre de vue l'ensemble et c'est une idée générale qu'il fallait donner.

Tel est le but que je me suis proposé. Ce sera, s'il est atteint, toute l'originalité de cet ouvrage, avec le soin de recueillir, pour le passé, ce qui a pu être de nouveau découvert et les justes conclusions des études historiques, et, pour le présent, de donner le récit des faits les plus récents. On verra peut-être aussi que je me suis fort soucié de la vérité de l'histoire.

Point n'est besoin de dire que j'ai largement utilisé

les précédents historiens, même sans les citer toujours. Dans la trame du récit, on trouvera et on reconnaîtra avec plaisir les termes mêmes dont ils se sont servis.

Leur intention était de glorifier Notre-Dame. J'ai pensé qu'il n'était pas impossible de la faire mieux connaître encore. N'était-ce pas un devoir très pressant et très doux de lui consacrer des heures dérobées, une à une, aux labeurs d'un ministère très chargé ?

F. L.

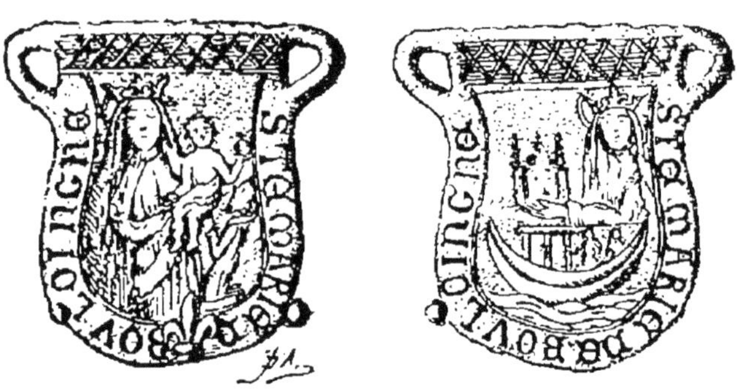

NOTRE-DAME, A BOULOGNE
STATUE DE LA PORTE DES DUNES, PAR PAUL GRAFF (1924).

NOTRE-DAME DE BOULOGNE

LIVRE PREMIER

LES ORIGINES (DU VIIe AU XIIIe SIÈCLE)

CHAPITRE PREMIER

Les origines de l'Église Notre-Dame.

La haute-ville de Boulogne, où se trouve la basilique Notre-Dame, a un caractère très intéressant, qui échappe au plus grand nombre des visiteurs et des pèlerins.

Sur l'emplacement où la cité s'élève, les lieutenants de César avaient établi leur camp. De là, ils dominaient le port, le *Portus Itius*, d'où les flottes romaines partaient pour la Grande-Bretagne.

Au IIIe siècle de l'ère chrétienne, le camp fut transformé en une ville, une cité, dont les murailles remplacèrent les murs de terre du camp, et qui en conserva la disposition générale : un quadrilatère percé de quatre portes, d'où partaient deux rues, qui se croisaient à angle droit, au centre. Les murs du IIIe siècle ont été remplacés, au XIIIe, par ceux qui existent encore, mais la disposition générale n'a été changée que par la construction du château, à l'angle Est des remparts.

Dans le camp et la ville romaine, le culte officiel avait sa place. La huitième partie de la cité lui était consacrée. C'était l'emplacement compris entre la voie principale (rue actuelle de Lille à partir de la porte de Calais) et la première voie transversale (parvis Notre-Dame et rue de Pressy). Là s'élevaient le temple et l'habitation du collège de prêtres qui le desservaient.

Les ruines du temple ont été découvertes dans la chapelle principale de la crypte, sous la grande nef de la basilique. Un fût de colonne du IIIe siècle, avec un chapiteau et un fragment d'entablement, sont conservés dans cette crypte.

A la fin du IVe siècle, la ville et le pays furent entièrement convertis à la foi chrétienne par saint Victrice, évêque de Rouen. Le temple fut transformé en église, ou, du moins, un sanctuaire fut élevé sur son emplacement, auquel on attribua les biens cultuels, et notamment, cette partie de la cité. Tout indique que, dès lors, un siège épiscopal y fut établi [1].

La nouvelle cathédrale était cependant très modeste, construite sans doute en bois, avec un baptistère séparé, situé à l'extrémité de la rue Saint-Jean. Au commencement du VIIe siècle, comme le rapporte le vénérable Bède [2], le corps de saint Pierre, compagnon de saint Augustin et premier abbé de Cantorbéry, y fut apporté par les habitants d'Ambleteuse, sur le rivage desquels le saint abbé avait fait naufrage.

CHAPITRE II

L'arrivée de Notre-Dame.

Or, comme le rapporte le chanoine Le Roy, dans son *Histoire de Notre-Dame de Boulogne :* « L'an 633, ou 636 selon quelques-uns, sous le règne du roy Dagobert,

1. Mgr Lejeune. *De l'existence d'un siège épiscopal antique à Boulogne.*
2. *Hist. eccl. gentis Anglorum*, I, 33. *P. L.*, t. XCV, col. 75.

arriva au Port de Boulogne, un vaisseau sans matelots et sans rames, que la mer, par un calme extraordinaire, sembloit vouloir respecter. Une lumière qui brilloit sur ce vaisseau fut comme le signal qui fit accourir plusieurs personnes, pour voir ce qu'il contenoit. L'on y aperçut une image de la sainte Vierge, faite de bois en relief, d'une excellente sculpture, d'environ trois pieds et demy de hauteur, tenant Jésus enfant sur son bras gauche. Cette Image avoit sur le visage je ne sçay quoy de majestueux et de divin, qui sembloit, d'un costé, réprimer l'insolence des vagues, et, de l'autre, solliciter sensiblement les hommes à luy rendre leurs vénérations. Tandis que la nouveauté de ce spectacle ravissoit ceux qu'une sainte curiosité avoit attirez sur le rivage, la sainte Vierge ne causa pas de moindres charmes dans les cœurs du reste du peuple, qui estoit, pour lors, assemblé dans une chapelle de la ville-haute, pour y faire ses prières accoutumées. Car, s'apparoissant à eux visiblement, elle les avertit que les anges, par un ordre secret de la providence de Dieu, avoient conduit un vaisseau à leur rade, où l'on trouveroit son Image. Elle leur ordonna de l'aller prendre, et de la placer ensuite dans cette chapelle, comme estant le lieu qu'elle s'étoit choisi et destiné, pour y recevoir, à perpétuité, les effets et les témoignages d'un culte tout particulier. On tient mesme qu'elle leur commanda de fouir dans un endroit, qu'elle leur découvrit, les assurant qu'ils y trouveroient de quoy fournir aux frais nécessaires, pour mettre cette église en sa perfection.

« La nouvelle de cette apparition se répandit aussitost par toute la ville, et, en mesme temps, le peuple descendit en foule sur le rivage, pour y recevoir ce sacré dépost et ce riche monument de la libéralité divine.

« Cette sainte Image fut solennellement portée dans l'église, où elle est encore à présent honorée; église qui peut passer à bon droit pour un des plus anciens sanctuaires de toute l'Europe, où la piété envers la sainte Vierge ait fleuri davantage, et où Dieu ait opéré plus de merveilles, par son intercession, la plus part des autres images et lieux de dévotion, n'ayant esté connus que long-temps après. »

Les quatre vers suivants ont longtemps servi de frontispice à la principale porte de l'église cathédrale :

« *Comme la Vierge à Boulogne arriva*
Dans un bateau que la mer apporta,
En l'an de grâce, ainsi que l'on comptoit,
Pour lors, au vray, six cens et trente trois. »

La chapelle, ou plutôt l'église, dont il est question dans ce récit, est précisément celle que saint Victrice avait dédiée sur l'emplacement du temple romain. C'est là que la sainte Vierge apparut aux Boulonnais et que fut portée l'image miraculeuse.

« On ne sçait pas au vray, ajoute le chanoine Le Roy, de quel lieu est venue l'image de Nostre-Dame de Boulogne, mais, si l'on regarde le temps de son arrivée, l'on pourra facilement donner dans la pensée de ceux qui ont cru qu'elle venoit de l'Orient, et qu'elle estoit un reste du débris arrivé, selon Baronius, environ ce temps-là, dans les villes d'Antioche et de Jérusalem, par l'invasion des Sarrasins, qui donna lieu, selon la remarque de ce sçavant cardinal, de faire transporter, par divers moyens, plusieurs reliques dans l'Occident, où l'Église jouissoit, pour lors, d'une profonde paix. Et ainsi la ville de Boulogne, quoy que située dans un coin des plus reculez de l'Occident, pourroit bien avoir profité, dans cette occasion, des dépouilles de l'Orient, et l'Image avec les reliques, dont nous avons parlé, pourroit bien estre une partie des richesses, qui luy furent alors enlevées. Comme si Dieu, dans le temps que ces barbares s'emparoient de la Terre-Sainte, avoit voulu, par un dessein tout particulier de sa Providence, que l'Image de sa sainte Mère, chassée en quelque façon de la Palestine, trouvast son azile, justement dans une ville, qui devoit un jour donner la naissance à l'invincible Godefroy de Bouillon, ce grand restaurateur de son saint Nom dans les païs du Levant. »

Et il exprime le sentiment « que cette Image a esté faite par saint Luc, aussi bien que celle de Lorette, à qui elle est toute semblable, et en sa grandeur, et en sa matière, qui est d'une espèce de bois incorruptible. »

Il faut noter cependant que la tradition, telle que la rapporte le chanoine Le Roy, et telle qu'elle s'est accréditée, surtout depuis le commencement du XVIIe siècle, n'est pas la forme la plus antique de la gracieuse *Légende de Notre-Dame.*

Les documents anciens, ceux-là même sur lesquels l'historien appuyait son récit, rapportent l'arrivée, non pas d'une statue, mais de la Vierge elle-même, abordant à Boulogne sur un navire conduit par les anges, gravissant les pentes de la colline jusqu'au sanctuaire de la Haute-Ville, y déposant les reliques par elles apportées, découvrant un trésor aux fidèles, descendant ensuite pour rentrer dans la nacelle et reprendre la mer.

Un très intéressant vitrail de Notre-Dame de Boulogne, datant de la fin du XVe siècle et encore conservé en l'église de Rigny-le-Ferron, au diocèse de Troyes, représente, en six panneaux, l'arrivée de la Vierge elle-même. Telles sont encore les miniatures d'un manuscrit, de la même époque, de la Bibliothèque de l'Arsenal.

La vieille inscription boulonnaise, ci-dessus mentionnée, se rapporte au moins aussi bien à la tradition sous cette forme.

Que faut-il conclure de ces variantes ? Est-ce la piété et l'imagination des vieux légendaires qui a embelli et poétisé la merveilleuse histoire, déjà si belle par elle-même ? Ou bien, la statue, qui représentait la Vierge et rappelait sa visite, étant devenue l'instrument de nombreux miracles, lui appliquait-on ce qui était dit d'abord de la Mère de Dieu elle-même ?

Quoi qu'il en soit, « quelles sont, dit l'abbé Haigneré [1], les circonstances caractéristiques de l'événement que la tradition rapporte ? Nous l'avons déjà dit, c'est, au fond, une apparition miraculeuse de la Mère de Dieu, annonçant aux Boulonnais le choix qu'elle veut faire de leur ville, pour y établir un sanctuaire privilégié, et pour y être honorée d'un culte spécial, sous le vocable d'Étoile de la mer, dans une barque voguant sur les flots. Voilà le fait sur la vérité duquel il importe le plus au lecteur d'être édifié. La question de savoir si la Vierge s'est montrée elle-même sous cette forme symbolique, ou bien si elle a envoyé vers nos rivages une nacelle qui portait sa statue, ne devient plus qu'une question de forme, soumise aux débats de la controverse. »

Et l'un des vieux chroniqueurs a pu ajouter que les intentions de Marie s'étaient réalisées. Il disait : « La sainte et digne église de Boulogne, ainsi fondée en l'honneur de la glorieuse vierge Marie, reine des anges, est un lieu rempli de divine influence et de dévotion; c'est un lieu savoureux pour la contemplation des choses spirituelles; c'est un lieu muni de grâce et de

1. *Étude sur la légende de Notre-Dame de Boulogne.*

toute pureté; c'est un lieu vertueux et profitable pour obtenir l'éternel salut avec un bonheur sans bornes. » Notre-Dame y est représentée portée sur une barque et escortée par les anges : c'est la Vierge au bateau.

L'attribut de la barque convient éminemment à la Mère de Dieu, à cause de ses prérogatives, et à cause du patronage qu'elle exerce sur les navigateurs. Marie est aussi « l'Étoile de la mer; et l'Église se plaît à la saluer de ce titre, chaque fois qu'elle célèbre une fête en son honneur, *Ave maris stella !* Elle est l'Étoile de la mer, non seulement pour le nautonnier qui sillonne la plaine liquide, mais encore et surtout pour le pèlerin de la vie qui traverse l'onde amère de ce siècle périssable, et qui rame au milieu des tempêtes, pour gagner le port de l'éternité. »

CHAPITRE III

Ce qu'on sait de l'histoire de six siècles.

Le sanctuaire primitif. — Premiers pèlerinages. — Sainte Ide et Godefroy de Bouillon. — Le sanctuaire et les pèlerinages au XII*e siècle.*

L'église de Boulogne était « le lieu qu'elle (la sainte Vierge) s'était choisi et destiné, pour y recevoir, à perpétuité, les effets et les témoignages d'un culte tout particulier. »

A perpétuité! Treize siècles se sont écoulés depuis cet heureux choix de Notre-Dame, et, depuis treize siècles, son culte s'est perpétué, au même endroit, dans son église de Boulogne.

Elle-même voulut contribuer à le rendre digne de ses faveurs.

D'après la tradition, le sanctuaire choisi par Notre-Dame était en triste état. Reconstruit peut-être par le roi Clotaire II, il aurait été gravement éprouvé par un incendie. Il n'était alors couvert que de genêts et joncs marins, et « avait bien plus l'air d'une pauvre église champêtre que d'une église principale de tout un pays. »

La Mère de Dieu commanda aux Boulonnais « de fouir dans un endroit, qu'elle leur découvrit, les assurant qu'ils y trouveroient de quoy fournir aux frais nécessaires, pour mettre cette église en sa perfection. »

Il est remarquable que, dans l'ancienne cathédrale de Boulogne, un pilier, portant une inscription du XIe siècle, indiquait l'endroit précis où se trouvait le trésor révélé par la sainte Vierge. Or ce pilier plongeait à peu de distance derrière le temple romain, sur l'emplacement duquel est bâtie l'église Notre-Dame, à l'endroit peut-être où les prêtres, au jour de sa ruine, avaient caché les trésors qu'il renfermait.

Toutefois, même alors, l'église dut être construite en bois. D'après un vieux légendaire, elle fut brûlée trois fois. De fait, les fouilles exécutées au XIXe siècle ont permis de constater les traces incontestables de violentes combustions : des cendres et des charbons, des vagues de plomb fondu, tombé de haut sur de la pierre et des graviers.

Dans ce modeste sanctuaire, illustré déjà par le choix de la sainte Vierge, les miracles ne tardèrent pas, dit une vénérable tradition, à récompenser la foi et le zèle des Boulonnais. Tout aussitôt, les pèlerins y accoururent en foule « offrir leurs vœux et présenter leurs hommages, dans la chapelle et devant l'Image de Notre-Dame de Boulogne. »

Parmi eux, il faut distinguer les saints : saint Éloy,

l'illustre évêque de Noyon, dont on raconte qu'il enchâssa précieusement les reliques trouvées sur la barque de Notre-Dame; saint Omer, assurément, évêque des Morins, c'est-à-dire, comme l'appellent des chroniqueurs, ses contemporains, de Boulogne et de Thérouanne[1]; il séjourna longtemps dans la ville, assistant à l'office canonial de la nuit, dans l'église Notre-Dame, chantant la messe devant le peuple chrétien, et prêchant la parole de Dieu à une foule attentive et émue. Le clergé de l'église, déjà organisé, habitait sans doute l'ancienne demeure des prêtres païens, à laquelle succéda, dans la suite des âges, l'abbaye de Notre-Dame et le palais épiscopal, dans l'enclos actuel de l'évêché, au nord-ouest de la basilique. Il faut encore mentionner les deux frères martyrs, de race royale irlandaise, le saint archevêque Lugle et saint Luglien, qui, fuyant la gloire humaine et leur pays, abordèrent à Boulogne et présentèrent leurs vœux à Notre-Dame. Peu de temps après, ils furent mis à mort en Artois.

Au IXe siècle, protégée par les hautes murailles de la cité contre l'invasion des Normands, l'église Notre-Dame devint l'asile des reliques les plus précieuses de la région. Y furent transportés les corps de saint Wulmer, de Samer; de saint Bertulphe, de Renty; de saint Wandrille, de Fontenelle; des saints Ansbert, archevêque de Rouen, Wulfran, archevêque de Sens, et beaucoup d'autres.

De leur côté, les évêques de Morinie (Thérouanne et Boulogne) trouvèrent asile pendant un siècle dans leur seconde ville épiscopale et dans l'église Notre-Dame.

La renommée du béni sanctuaire se répandait déjà

1. Cf. *De l'existence d'un siège épiscopal antique à Boulogne*, p. 34.

au loin. Les bollandistes, dans les *Acta Sanctorum* de juillet, donnent, d'après Molanus [1], la vie de saint Jorius ou Yor, que le martyrologe de l'église Saint-Barthélemy, de Béthune, qualifie d'évêque du Mont-Sinaï, en Orient, et mentionnent la tradition qui le fait venir en pèlerin aux sanctuaires les plus illustres de l'Europe, et, notamment, à Notre-Dame de Boulogne. Saint Yor mourut à Béthune, le 26 juillet 1033.

La douce martyre sainte Godeleine, tant honorée en Flandre belge, sous le nom de sainte Godelive, qui naquit à Wierre-Effroy, en Boulonnais, et y habita jusqu'à l'âge de vingt-deux ans, vint aussi, il n'en faut pas douter, prier Notre-Dame à Boulogne.

Avec les saints, au premier rang des fidèles serviteurs de Notre-Dame, il faut mentionner les gouverneurs et les comtes de Boulogne.

Parmi eux se distingue surtout, par sa piété et ses largesses, sainte Ide ou Ida de Lorraine, épouse du comte Eustache II. Le mariage de l'illustre princesse, nièce du pape Étienne IX, fut célébré par le doyen de Notre-Dame dans la vieille église de la cité. Que de fois la sainte comtesse vint y prier aux pieds de la statue miraculeuse, lui confier ses trois fils, Eustache, Godefroy et Baudoin, et enseigner à ses enfants la dévotion envers la douce Madone!

En 1092, elle y conduisit certainement saint Anselme, archevêque de Cantorbéry, directeur spirituel de la comtesse, qui, à cette époque, vint la visiter à Boulogne.

Quelques années plus tard, les trois fils d'Eustache II et de sainte Ide partirent pour la première croisade. Le cadet, Godefroy de Boulogne, qui avait pris le

1. *Natales sanctorum Belgii.*

nom de Godefroy de Bouillon, en devenant l'héritier du frère de sa mère, duc de Basse-Lorraine, était le chef des croisés.

Souvent la pieuse comtesse vint prier Notre-Dame pour ses chers absents, et lui demander de bénir leurs armes. A l'heure même de la prise de Jérusalem, ravie en extase dans l'église voisine de l'abbaye de Saint-Wulmer, elle eut la révélation de la victoire de ses fils.

Élu roi de Jérusalem à l'unanimité des suffrages, l'illustre prince boulonnais, Godefroy de Bouillon, refusa ce titre, et le remplaça par celui d'avoué du Saint-Sépulcre. Il ne voulait pas ceindre une couronne d'or dans le lieu où le Sauveur des hommes avait été couronné d'épines.

Jusqu'à la Révolution française, le trésor de l'église Notre-Dame de Boulogne conserva une couronne murale de vermeil, du poids de trois marcs, soit 734 grammes, en argent étranger, sans poinçon. Elle était ornée de huit tours, portant des reliques de Terre sainte. C'était, disait-on, la couronne même que Godefroy avait refusée à Jérusalem, et qu'il avait envoyée, en hommage, à Notre-Dame.

En même temps, Godefroy envoya à sa mère, sans doute par son frère Eustache revenant à Boulogne, de précieuses reliques, parmi lesquelles s'en trouvait une du Saint-Sang de Notre-Seigneur Jésus-Christ. A la nouvelle qu'elle en reçut, sainte Ide, avec le clergé boulonnais, descendit en procession jusqu'à une ancienne chapelle, à quelque distance de la cité. Elle y rencontra les croisés revenant de Terre sainte : ils lui remirent le précieux trésor, qui fut transporté, avec allégresse, dans l'église Notre-Dame. Chaque année, en souvenir de ce fait, le clergé se rendait à cette chapelle, qui existe encore, sur la paroisse Saint-

François de Sales, à l'extrémité de la ville, sur la route de Paris. Cette procession, antérieure à l'établissement de celle de la Fête-Dieu, se faisait le deuxième dimanche après la Pentecôte.

Jusqu'à la Révolution française, la relique du Saint-Sang fut précieusement conservée à Notre-Dame. Elle repose, maintenant, dans l'église Saint-François de Sales.

Pour la piété de sainte Ide, et pour la garde des trésors religieux qu'elle renfermait, la vieille église était bien insuffisante. Vers l'an 1104, la pieuse comtesse, avec le concours de son fils Eustache III, la fit entièrement rebâtir telle qu'elle exista, au moins dans ses grandes lignes, jusqu'en 1799.

C'était un vaste édifice, composé de trois nefs, partagées en sept travées, d'un transept et du chœur, sous lequel s'étendait une crypte. Celle-ci existe encore, sous le chœur actuel, avec les fondations sur lesquelles s'élève la basilique moderne, quelques bases et débris de colonnes. A l'abside de cette église, était la chapelle où Notre-Dame recevait, des Boulonnais et des pèlerins, le culte perpétuel auquel elle avait destiné ce lieu béni.

Dans la splendide église qu'il avait, avec sa mère, élevée à la gloire de Notre-Dame, le comte Eustache III voulut que le service de Dieu fût parfaitement organisé. A cet effet, il transforma le chapitre de chanoines séculiers, qui la desservait, en une abbaye de chanoines réguliers, de l'ordre de saint Augustin, gouvernée par un abbé. Après avoir été cathédrale des anciens évêques de Boulogne, et très certainement de saint Omer, puis collégiale, l'église devint abbatiale.

Par une charte mémorable, donnée à Boulogne en 1113, saint Jean de Comines, évêque de Morinie, considérant que « l'église de la bienheureuse Marie, sise en la ville de Boulogne, a été, dès les temps antiques, siège épiscopal et église cathédrale, » lui donne la préséance sur toute autre église, en qualité d'église matrice et seule paroisse de la ville, faubourg et banlieue.

Fils d'une sainte, Eustache III avait épousé Marie, fille du roi d'Écosse et de sainte Marguerite. Sa piété enrichit l'église Notre-Dame de nombreuses fondations. Il fut imité par les comtes, ses successeurs, et par de nombreux donateurs, si bien que, à la fin du XIIe siècle, le sanctuaire de Notre-Dame possédait un riche patrimoine de biens, dîmes et terres, énumérés dans une bulle du pape Innocent III, de 1208.

Les pèlerins venaient de plus en plus nombreux à Notre-Dame de Boulogne. D'incontestables documents en font foi. L'hôpital de Saint-Inglevert (canton de Marquise) fut fondé, en 1131, en faveur des pèlerins de Notre-Dame, et surtout pour ceux d'Angleterre, qui débarquaient au port de Wissant. L'hôpital de Sainte-Catherine, dans la ville, fondé spécialement pour les pèlerins pauvres, existait en 1207, comme en témoigne un document de cette époque. Ces deux hôpitaux supposent un concours considérable.

Le plus illustre des pèlerins de cette époque, est saint Bernard. Il vint à Notre-Dame, en 1131, après avoir été reçu, avec les plus grands honneurs, par la comtesse Mathilde, ou Mahaut, petite-fille de sainte Ide et de sainte Marguerite, qui devait devenir reine d'Angleterre [1]. L'invocation du saint délivra la pieuse comtesse d'un péril imminent de mort.

1. *Vita sancti Bernardi*, lib. IV, 6.

LIVRE II

LA SPLENDEUR DU PÈLERINAGE (DE 1211 à 1544)

CHAPITRE PREMIER

Les grandes faveurs de Notre-Dame.

Les merveilles de l'an 1211. — Les miracles de Notre-Dame.

Les faits exposés et les documents cités jusqu'ici établissent nettement que le pèlerinage de Notre-Dame de Boulogne était déjà très fréquenté dès le XIIe siècle. Mais au début du siècle suivant, il prit une célébrité et un éclat nouveaux.

« En l'an 1211, raconte Jean d'Ypres, abbé de Saint-Bertin[1], à la gloire et louange de Jésus-Christ et de sa très glorieuse Mère, à Boulogne sur la mer, se font de très nombreux miracles et un grand concours de peuple de toutes les parties du royaume : c'est l'origine du pèlerinage de la bienheureuse Marie, à Boulogne, qui subsiste encore. »

Entendez l'origine, non du pèlerinage lui-même, qui existait déjà, mais le commencement d'un grand concours de pèlerins, d'une période magnifique qui dura sans interruption, jusqu'au milieu du XVIe siècle,

1. *Chroniques de Saint-Bertin*, part. XIV, c. XLV.

c'est-à-dire pendant près de trois cent cinquante ans.

Le début de cette époque glorieuse est marqué par l'hommage de Philippe-Auguste, le premier roi de France pèlerin de Notre-Dame. Il se trouvait en 1213 à Boulogne, où il avait rassemblé une flotte considérable pour essayer d'envahir l'Angleterre. Ainsi avaient fait autrefois César et les empereurs romains, ainsi Napoléon voulut-il faire plus tard.

Le roi de France était alors dans une conjoncture assez dangereuse, ayant à lutter contre une ligue redoutable formée par le roi d'Angleterre, l'empereur d'Allemagne, le comte de Flandre et le comte de Boulogne, que ne suivaient pas ses sujets. Philippe fit hommage à Notre-Dame d'une double croix d'argent, enrichie de reliques et ornée de pierreries; et de plus d'une très belle image de vermeil doré, avec un cœur d'or. L'offrande du cœur d'or est intéressante à rapprocher de celle que présenta plus tard Louis XI.

La victoire de Bouvines fut attribuée par le roi lui-même à la protection de la très sainte Vierge, à laquelle il s'était particulièrement recommandé.

C'est aux faveurs miraculeuses accordées en 1211 par la glorieuse Mère de Dieu en son sanctuaire de Boulogne, qu'est dû l'accroissement de la célébrité de ce sanctuaire. Les miracles attirèrent les foules et les foules, par leur piété, obtinrent de nouveaux miracles. Il en est toujours ainsi.

Nous ne pouvons raconter en détail les merveilles opérées par Notre-Dame de Boulogne. Des documents amoncelés il ne nous reste plus rien. Les archives de la basilique ont été mises au pillage au XVIe siècle par les Anglais d'abord, puis par les huguenots. Ce qui en restait a été détruit par la Révolution française.

Mais si le récit des faits nous manque, nous avons

de précieuses indications qui montrent la généreuse tendresse de la Mère de Dieu pour ses pèlerins de Boulogne.

On vient de lire ce que dit Jean d'Ypres *des très nombreux miracles* qui marquèrent le début du XIIe siècle. Bersacius et Fleury de Locre rendaient le même témoignage presque dans les mêmes termes [1].

Au siècle suivant, des lettres du futur roi de France Charles V, données à Boulogne en octobre 1360, sont aussi nettement affirmatives : « La glorieuse Mère de Dieu, par qui Dieu opère tant de miracles, en diverses parties du monde, surtout au royaume de France, et entre autres lieux, à Boulogne sur la mer, dans l'église dédiée à son honneur, ce qui cause le concours de tous les peuples qui incessamment y afflue. »

Pour le XVe siècle, nous avons l'attestation de l'abbé de Notre-Dame. Dans une supplique adressée au pape Martin V en 1418, et conservée aux archives du Vatican [2], il s'exprime ainsi : « A ce monastère (c'est-à-dire à l'église abbatiale de Notre-Dame), afflue très dévotement une grande multitude de peuple des deux sexes, à cause de la révérence, et de la dévotion qu'ils ont pour ce même monastère, où de nombreux miracles éclatent chaque jour, à la prière de la bienheureuse Vierge Marie. »

Soixante ans plus tard, dans son acte d'hommage à Notre-Dame, Louis XI s'exprime en termes presque identiques sur « l'église collégiale, fondée en la dite ville de Boulogne, en laquelle par l'intercession de ladite Notre-Dame se font chacun jour de beaux et grands miracles. »

L'année suivante, dans une autre pièce officielle,

1. Cités par le chanoine Le Roy, *op. cit.*, liv. I, ch. III.
2. Cf. *Messager de Notre-Dame de Boulogne*, 1911, p. 187.

extraite des registres de la Chambre des comptes de Paris, Louis XI parle encore ainsi : « Pour la grande, singulière, parfaite et entière dévotion que nous avons toujours euë et avons à ladite glorieuse Vierge Marie et à sa dite église de Boulogne, en laquelle, à l'intercession de ladite Dame se font chacun jour de beaux, grands et évidens miracles, et y affluent plusieurs et grand'quantités de pèlerins de divers pays et nations. »

Ainsi les affirmations sont concordantes : en 1211, en 1360, en 1418, en 1478 et 1479, chroniqueurs, abbé, et rois de France parlent de la même manière du pèlerinage de Notre-Dame et de la multitude de miracles qui s'y opèrent. Ils se servent d'expressions qui conviendraient à merveille aux pèlerinages les plus fameux de la chrétienté. Que pourrait-on dire de plus, actuellement, du sanctuaire de Notre-Dame de Lourdes ?

Sur le caractère particulier de ces miracles, les documents se taisent. Ce furent sans doute des guérisons obtenues par l'intercession de Notre-Dame.

L'histoire des miracles de saint Louis, par le confesseur de la reine Marguerite, raconte que, en 1275, on conseilla au frère Jean de Leigni, curé de Torigny, de se vouer à Notre-Dame de Boulogne afin d'obtenir la guérison d'une maladie. De même elle raconte que Nicole de Lalaing, du diocèse d'Arras, et Richard Laban, du diocèse de Soissons, étaient venus solliciter leur guérison aux pieds de Notre-Dame de Boulogne.

Dans le cercle plus restreint des faveurs locales, il faut signaler les effets singuliers de la protection de la sainte Vierge qu'ont « toujours ressentis les mariniers de la côte boulonnaise, » et les faveurs si intéressantes qui seront mentionnées plus loin, à propos de la chapelle de Crémarest, pour les enfants « reçus à grâce. »

CHAPITRE II

Les caractéristiques du pèlerinage.

L'affluence des pèlerins. — Les enseignes de pèlerinage. — Les hospices pour les pèlerins pauvres. — Pèlerinages judiciaires.

Les pèlerins sont venus, nous l'avons dit, à Notre-Dame de Boulogne dès le début de son histoire. Mais leur concours a été considérable, pendant trois siècles. Tous les documents que nous venons de citer à propos des miracles en font foi.

« Plusieurs historiens flamands (Brézin, Bersacius, Fleury de Locre) qui ont écrit depuis Jean d'Ypres, ajoute le chanoine Le Roy, et dont j'omets les citations, pour ne pas me rendre ennuyeux, nous témoignent la même chose, et presque en mêmes termes. » Plus explicite encore est la supplique de l'abbé de Notre-Dame à Martin V (1418), en disant que, à Notre-Dame « afflue très dévotement une grande multitude de peuple des deux sexes, venant de diverses parties du monde. *Copiosa populi multitudo utriusque sexus de diversis mundi partibus.* »

Trois ans plus tard (14 mai 1421), dans une autre supplique au même pontife, l'abbé parle de « pauvres infirmes et malades, affluant de diverses parties du monde, *de diversis mundi partibus confluentibus.* »

Jusqu'au milieu du XVIe siècle, l'affluence n'est pas moindre. A cette époque, dit le Père de Montfort, « cette statue (de Notre-Dame) fut visitée d'un concours de peuple si extraordinaire que les personnes trouvaient à peine à se loger, quoique en ce moment toutes les maisons servissent d'hôtellerie. »

Ainsi les témoignages concordants se succèdent et s'enchaînent, parlant tous, presque dans les mêmes termes, aux XIIIe, XIVe, XVe et XVIe siècle, de l'affluence des pèlerins qui venaient honorer et prier Notre-Dame.

De ces affirmations générales, il sera bon de rapprocher quelques détails particuliers.

Un règlement du chapitre de Senlis, de l'an 1268, porté en réunion capitulaire, accorde quinze jours d'exemption de résidence aux chanoines qui iront en pèlerinage à Notre-Dame de Boulogne. Un tel règlement suppose un empressement général vers le vénéré sanctuaire.

L'histoire des miracles de saint Louis, déjà citée, parle cinq fois, entre 1175 et 1282, du pèlerinage de Notre-Dame de Boulogne.

Marguerite de Dampierre, femme de Gaucher de Châtillon, par son testament de 1310, et pour s'acquitter d'un vœu, décide qu'un pèlerin sera envoyé à sa place.

François de Provins, procureur du chapitre de Reims, inscrit dans son testament, du 26 avril 1346, la clause suivante : « Je ordonne et veut qu'on fasse faire pour moi un voiage ou pèlerinage par un homme à cheval et un autre par un homme à pied, à Notre-Dame de Boulogne. »

Pierre Salmon, secrétaire du roi Charles VI, sur le point d'être disgracié, fit vœu d'un pèlerinage à Notre-Dame de Boulogne.

De ces pèlerins, un grand nombre arrivaient par la Picardie. Le Père de Montfort atteste que quantité de villages, dans les environs de Saint-Valéry, possédaient des rues qui portaient le nom de *Basse-Boulogne* « à cause du grand nombre de peuple qui y passait pour visiter la sainte Image. »

« Ce qui montre » encore « combien, dit le chanoine Le Roy, l'église de Boulogne a été fréquentée autrefois, ce sont toutes ces anciennes médailles de Nostre-Dame représentée dans un batteau, que les pèlerins remportoient avec eux, tant pour se conserver dans leur dévotion envers la sainte Vierge, que pour l'inspirer aux autres... Il s'en débitoit une telle quantité dans la ville, que la plupart des orfèvres et autres ouvriers n'estoient occupez qu'à ce travail. Plusieurs de ces médailles se sont sauvées du naufrage des temps; et il s'en voit encore aujourd'huy en beaucoup de lieux de Flandre et d'Artois, surtout ez la ville de Saint-Omer, laquelle estant plus voisine de Boulogne, avoit aussi avec elle un commerce plus particulier de religion. »

Il y avait plusieurs sortes de ces souvenirs auquels on donna le nom d'*enseignes*, ou *signes* de pèlerinages.

Les unes étaient des médailles proprement dites, d'autres des images en métal, plus ou moins découpées, d'autres enfin étaient faites en forme de sachet creux, destiné à recevoir quelques gouttes de la cire d'un cierge consumé devant la sainte Image, et à être suspendu au cou. Ils représentaient Notre-Dame dans un bateau avec une légende comme celle-ci : STE-MARIE : DE : BOULOINGNE.

Il y avait des enseignes d'or, de vermeil et d'argent, fabriquées par les *orfèvres imagiers*. Elles étaient destinées aux pèlerins riches qui les achetaient ou à qui on les offrait.

Au XVe siècle, la confrérie de Notre-Dame Panetière, d'Aire-sur-la-Lys, et l'église Notre-Dame de

Noyon possédaient de ces images de Notre-Dame de Boulogne.

En 1457, Philippe le Bon, duc de Bourgogne, fit acheter des « ymaijes d'argent dorées et blanches » de Notre-Dame de Boulogne.

Dans la note présentée à Henri VIII, roi d'Angleterre en 1531, par le bijoutier Cornelys Hayes, parmi les nombreux présents offerts par le roi à Anne de Boleyn, il est question d'un diamant mis à une broche de Notre-Dame de Boulogne : *For mistress Anne a diamond in a broach of Our Lady of Boulogne.*

En 1551, la ville de Boulogne avait présenté un de ces souvenirs à la reine Marie Stuart. En 1567, elle en fit faire un pour la prochaine arrivée de la reine Catherine de Médicis. « C'était le présent ordinaire que les habitants de Boulogne faisaient aux personnes de qualité. Par un effet de la tendre affection qu'ils avaient pour leur chère Patronne, ils regardaient son image et ses médailles comme les plus riches joyaux qu'ils puissent offrir, même aux reines et aux princesses. »

Lors des voyages de Louis XIV à Boulogne, en 1672 et 1680, toute la cour avait eu grand zèle « à se pourvoir de boëtes et de médailles. »

Mais la foule des pèlerins ne pouvait acheter ces précieux souvenirs. Elle se contentait d'enseignes d'étain vulgairement appelé *plombs* et que fabriquaient les *bimbletiers* ou *biblotiers*. Telles étaient les *enseignes d'estain* que Philippe le Bon, duc de Bourgogne, venu en pèlerinage, le 28 mai 1426, acheta, pour le prix de treize sols, afin de les distribuer à ses gens.

De ces enseignes, on en a récemment trouvé partout. A Londres dans la Tamise; à Paris surtout dans les dragages de la Seine, particulièrement près du

Pont-au-Change. Il en existe de nombreuses variétés, exécutées du XIVe au XVIe siècles.

Les plus intéressants, de beaucoup, de ces antiques monuments de la piété des pèlerins de Notre-Dame ont été trouvés bien loin du vénéré sanctuaire sur la terre d'Afrique, à Carthage.

Une enseigne mutilée et une enseigne entière ont été apportées, en 1913, au P. Delattre, des Pères blancs, l'illustre archéologue. Elles avaient été trouvées par des Arabes dans des terrains ravinés par la pluie qui les avait fait émerger du sol.

La première est en argent. Il n'en subsiste que la partie inférieure. On reconnaît cependant très bien d'un côté une barque voguant sur les flots, de l'autre une image de la sainte Vierge ; autour de celle-ci, on lit en caractères gothiques : BE MARIE BOLONIE, c'est-à-dire *beate Marie Bolonie*, soit : de la bienheureuse Marie de Boulogne.

La seconde enseigne est entière, aussi d'argent. Elle est haute de trois centimètres, se compose de deux lamelles formant sachet, et elle est munie de deux petites anses destinées à la suspendre. Elle se termine en bas par une fleur de lis. D'un côté, cette enseigne offre l'image de la Mère de Dieu figurée en buste au-dessus de la barque. L'autre face montre la sainte Vierge portant l'Enfant Jésus sur le bras gauche, tout à fait semblable aux empreintes des vieux sceaux représentant Notre-Dame. Des deux côtés on lit cette inscription, en lettres gothiques : STE MARIE DE BOULOINGNE.

Ces deux enseignes remontent au milieu du XIIIe siècle, c'est-à-dire à l'époque de saint Louis. Elles ont sans doute été apportées en Afrique par les croisés, peut-être par le saint roi lui-même.

Nous ne connaissons actuellement aucune image

de Notre-Dame de Boulogne qui soit plus ancienne. Et c'est un éclatant témoignage de la popularité de son pèlerinage que la découverte de ces deux souvenirs mêlés à la poussière du vieux sol de Carthage [1].

La plupart des pèlerins qui venaient à Boulogne étaient de condition modeste. Parmi eux se trouvaient en grand nombre des malheureux, des pauvres, des infirmes. Le voyage leur était fort pénible. Les routes, beaucoup moins bonnes qu'aujourd'hui, étaient souvent occupées par des soldats ou infestées de bandits. Il fallait marcher à pied. Ceux qui allaient à cheval étaient les privilégiés de la fortune. Les seigneurs et les personnes de condition trouvaient facilement l'hospitalité dans les châteaux ou les hôtelleries; mais le laboureur, l'humble ouvrier de la ville ou de la campagne ne savait souvent où s'arrêter, après une route longue et pénible.

Fatigué par une marche forcée à travers des provinces inconnues, il cheminait péniblement le bourdon à la main, la panetière à la ceinture, buvant dans la coquille légendaire l'eau du ruisseau ou de la fontaine solitaire; et, ne trouvant pas l'hospitalité désirée, harassé de fatigue, les pieds tuméfiés et sanglants, il était obligé de s'arrêter sur le bord du chemin, et, sans abri, prenait un peu de repos, sous la voûte étoilée du ciel.

Heureusement la charité chrétienne, toujours ingénieuse à soulager les misères, avait fondé de nombreux hôpitaux le long des routes qui conduisaient aux pèlerinages célèbres et en particulier à Notre-Dame de Boulogne. Les malades et les indigents y étaient reçus pour l'amour de Dieu et de la benoîte Vierge.

1. Cf. sur ce sujet l'article du P. Delattre dans la revue *Notre-Dame*, Paris, décembre 1913.

Il y en avait un à Saint-Inglevert, au nord de Marquise. Il avait été fondé au XIIe siècle par Oilard, seigneur de Wimille, qui y avait consacré tout son patrimoine et y avait lui-même achevé sa vie dans la pratique de la charité et de toutes les vertus chrétiennes. Cet hôpital servait principalement aux étrangers qui arrivaient en France par le port de Wissant. On avait même établi à Wissant, dans une propriété de l'abbaye de Saint-Wulmer de Boulogne, un cimetière particulier pour les Écossais, les Irlandais et les autres pèlerins que la mort surprenait au cours de leur voyage.

Un autre hôpital pour les pèlerins, placé sous la protection de Dieu et de Mgr saint Nicolas, se trouvait à Audisques sur la paroisse de Saint-Étienne. En 1484, cet établissement était ruiné par les guerres. « Il n'y a plus un seul lit, écrit l'abbé de Saint-Wulmer, tout le linge, les meubles et ustensiles ont été pillés; ce qui — ajoute-t-il — est un grave inconvénient pour les pèlerins et surtout pour les pauvres qui vont à Boulogne par dévotion offrir leurs vœux et leurs prières à la glorieuse Vierge Notre-Dame de Boulogne, ou qui en reviennent. »

Divers autres refuges pour les pèlerins avaient été établis en Picardie.

Le plus célèbre de tous ces hospices était l'hôpital de Sainte-Catherine, en la haute-ville de Boulogne, fondé au XIIe siècle, ou tout au commencement du XIIIe, car il existait en 1207, avant le grand mouvement des pèlerinages. « Les comtes et seigneurs de la ville de Boulogne l'ont, de leurs propres biens, construit, fondé et doté [1]. » Desservi d'abord par une sorte

1. *Supplique de l'abbé de Notre-Dame à Martin V*, Archives du Vatican.

BOULOGNE-SUR-MER. — AU CENTRE LA BASILIQUE.

droit pénal du Moyen Age, aussi bien pour les tribunaux laïques que pour la justice ecclésiastique. A cause de sa célébrité, le pèlerinage de Notre-Dame de Boulogne fut souvent imposé.

Dans la première moitié du XIIIe siècle, raconte M. Haigneré, « on avait vu d'abord vingt-cinq, puis cent habitants notables de la ville de Nieuport, arriver en procession solennelle, marchant nu-pieds, sans autres vêtements que leurs brayes, portant à la main des verges avec lesquelles ils recevaient la discipline, pendant le chant du *Miserere*. C'était une expiation du meurtre qui avait été commis dans leur ville sur la personne de deux prêtres du chapitre de Sainte-Walburge de Furnes, qui s'y étaient rendus pour lever la dîme du poisson. »

Vers l'an 1273, Jean Ghisne, bourgeois d'Ypres, frappa un des ses compatriotes avec un couteau effilé. Il fut condamné par Marguerite, comtesse de Flandre, à payer au blessé une indemnité de dix livres tournois et à faire un pèlerinage à Notre-Dame de Boulogne. A son départ, il prit solennellement le bourdon et l'écharpe dans l'église d'Ypres, et à son retour, il devait présenter des lettres scellées de l'abbaye de Notre-Dame, à Boulogne, attestant que la peine avait été accomplie.

En 1281, les échevins et les bourgeois de Courtrai commirent un *arsin*. Ils brûlèrent une maison sur la terre de l'église collégiale de Saint-Pierre de Lille, au village de Moën. Mal leur en prit. La comtesse Beatrix condamna les échevins à rétablir la maison incendiée, et à envoyer douze bourgeois en pèlerinage à Notre-Dame de Boulogne. Les douze bourgeois de Courtrai, dont on a encore les noms, se présentèrent à Boulogne le jour de la fête de l'Assomption, 15 août 1282, et reçurent un certificat de l'abbé du monastère.

Un fait plus considérable et bien autrement important vint encore, dans ce siècle, prouver la grande réputation du pèlerinage de Notre-Dame de Boulogne. A la Toussaint de l'année 1296, le Parlement de Paris prononça contre le seigneur de Harecourt une sentence qui le condamnait à l'amende honorable, et à divers pèlerinages, entre autres à celui de Boulogne, en réparation des voies de fait commises par lui sur la personne du chambellan de Tancarville.

Un arrêt du souverain pontife semble, au commencement du XIVe siècle, donner aussi une solennelle consécration au pèlerinage de Boulogne. En effet, lorsque Guillaume de Nogaret, l'exécuteur complaisant des attentats de Philippe le Bel contre le vénérable Boniface VIII, se présenta devant Clément V pour obtenir l'absolution de son crime, le pape lui enjoignit comme pénitence de faire personnellement huit pèlerinages, entre autres celui de Boulogne, *de Bolonia supra mare.* L'acte pontifical est du 27 avril 1311.

Dans ce même siècle, on rencontre de nombreuses condamnations à divers pèlerinages, surtout dans les registres de l'Inquisition du Midi, établie pour extirper les erreurs des Albigeois. Ces tribunaux avaient, quoi qu'on en ait dit, moins à cœur de frapper les coupables que de les ramener aux pratiques de la vraie foi. « Aussi, dit le chanoine Haigneré qui est notre guide dans cette partie de notre travail, voyons-nous dans ses sentences un grand nombre de condamnations à des peines religieuses... Mais parmi ces châtiments pieux, ou, si l'on veut, ces bonnes œuvres, il est une disposition qui revient pour ainsi dire invariablement dans tous les actes, c'est l'obligation de faire des pèlerinages. »

Trois condamnations au pèlerinage de Notre-Dame de Boulogne se trouvent parmi les jugements de ce tribunal. La première porte la date du 11 novembre 1318; elle fut prononcée par Barthélemy, évêque d'Alet, et les représentants de l'archevêque de Narbonne et des évêques de Béziers et de Castres. C'est une commutation de la peine d'emprisonnement à laquelle avaient été condamnées vingt-trois personnes des diocèses de Narbonne, de Béziers, de Carcassonne, de Castres, d'Alet, du Puy, de Lodève et de Nîmes.

Ces hérétiques, condamnés à de nombreux pèlerinages, vinrent à Boulogne après avoir traversé la France entière. Ils portaient sur la poitrine et entre les épaules une grande croix de feutre jaune, et étaient tenus, en assistant à la messe, de se présenter entre l'épître et l'évangile pour recevoir la discipline. Lorsqu'ils assistaient aux processions, ils se plaçaient entre le clergé et le peuple, avec des verges à la main, pour se faire donner la discipline à la dernière station.

Les mêmes faits se reproduisirent quelques années plus tard, après sentence des évêques de Carcassonne et d'Alet, des inquisiteurs de Carcassonne et de Toulouse, des officiaux de Béziers, Narbonne, Albi et Castres.

Les historiens de Notre-Dame mentionnent d'autres pèlerinages judiciaires ordonnés par le Parlement de Paris, le roi Charles VI, les officiers de justice de la ville de Saint-Omer. A la suite d'une émeute populaire entre les habitants de Saint-Omer et ceux du Haut-Pont, Charles le Téméraire, duc de Bourgogne, envoya une centaine de coupables à Notre-Dame de Boulogne.

Les chapitres des églises cathédrales et collégiales imposaient ce pèlerinage à ceux de leurs membres qui avaient commis quelque faute. Ainsi le chapitre de la métropole de Reims, ceux de Saint-Amé de Douai, de Saint-Furcy de Péronne.

Cette pénalité ne tomba en désuétude qu'après plusieurs siècles. Le chanoine Le Roy vit lui-même, au XVIIe siècle, des condamnés accomplir le pèlerinage que leur avait imposé le Conseil d'Artois.

CHAPITRE III

Chapelles et sanctuaires de Notre-Dame de Boulogne.

Notre-Dame de Grâces à Crémarest. — Notre-Dame de Boulogne-sur-Seine.

« Mais voicy, dit le chanoine Le Roy, une autre preuve que la dévotion de Nostre-Dame de Boulogne étoit fort célèbre, et fort renommée dans le monde. Je la prens de ces églises et chapelles qui ont esté bâties en différens endroits du royaume, sous le nom et sur le modèle de celle de Boulogne, et dont Dieu a voulu, dans la suite, approuver l'établissement par les grands et fréquens miracles qui s'y sont opérés. »

On trouvait des églises, ou des chapelles, ou des images de Notre-Dame de Boulogne, à Mondidier, à Boulogne-sur-Gesse près de Saint-Gaudens, tout au midi de la France; à Boulogne-la-Grasse, près de Compiègne; dans un prieuré de Notre-Dame de Boulogne, près de Blois; à Saint-Saëns, en Normandie; à Rigny-le-Ferron, au diocèse de Troyes; à Voreppe, près Grenoble.

« Il y a à Arras une église appelée Nostre-Dame en Chastel, parce qu'elle est située dans l'ancien chasteau de cette ville, où l'on révère depuis longtemps une Image de la Vierge dans un batteau semblable à celle de Boulogne à cause de quoy quelques-uns l'appellent aussi l'église de Nostre-Dame de Boulogne. »

De ces pieux sanctuaires, l'un des plus intéressants est celui de Crémarest. « Entre la forêt de Desvres et celle de Boulogne, le long du cours sinueux de la Liane qui promène lentement ses eaux, on rencontre le joli village de Crémarest. Le voyageur qui s'y rend chemine toujours, de quelque côté qu'il vienne, à travers des routes et des sentiers qui offrent les mêmes charmes. Une délicieuse verdure, de vastes prairies, des champs fertiles, des bois et des bosquets, des églises champêtres dont la flèche svelte invite l'âme à la prière, tout cela forme un tableau que la main de la Providence semble avoir dessiné tout exprès pour en faire le théâtre de quelqu'une de ses miséricordieuses manifestations. »

Il y avait là autrefois, en effet, un pèlerinage célèbre en l'honneur de Notre-Dame de Boulogne. « Les mariniers, écrit Le Roy, les mariniers de la côte boulenoise, qui ont toujours ressenti des effets singuliers de la protection de la sainte Vierge, ainsi que nous le remarquons ailleurs, élevèrent à son honneur une belle chapelle dans l'église de Nostre-Dame de Crémarest, et y mirent une Image de la mesme figure que celle de Boulogne. Ils alloient y rendre leurs vœux avec beaucoup de dévotion, et chaque maistre de navire étoit obligé d'entretenir un cierge. Il y avoit dans cette église une célèbre confrérie, et il s'y est fait quantité de miracles, particulièrement en faveur des enfans morts sans bapteme, ainsi qu'on peut le voir dans un registre de l'église, qui commence environ l'an 1400, sous le titre d'*Enfans reçus à grâce.* »

Chaque année, deux ou trois de ces enfants revenaient à la vie. Il y en eut cinq en 1504 et quatre en 1510. Les heureux parents donnaient aux marguilliers cinq sous par reconnaissance.

De leur côté les matelots faisaient célébrer des messes et des services devant la sainte Image, comme à Boulogne, pour leurs compagnons décédés. Tous les soirs, on y disait un salut où le curé, le chapelain et le clerc priaient avec le peuple pour les confrères qui étaient alors sur la mer. Une messe était dite tous les samedis à la même intention. Le manuscrit du chanoine Le Roy auquel nous empruntons ces détails ajoute : « N'est-ce-pas là tout ce qui se voit et pratique encore aujourd'hui à Boulogne ? »

« Outre ceci, il se faisait divers présents devant l'Image, comme du beurre, fromage, pigeons, poulets, jambons, selon la coutume du temps, qu'on vendait pour orner l'église dont on avait un grand soin; et aux fêtes de la sainte Vierge où les pèlerins arrivaient en foule, on faisait venir des chantres pour entretenir le peuple en grande dévotion. »

L'église de Crémarest reçut de diverses personnes de qualité une riche dotation.

Cette chapelle a subsisté et la dévotion s'y est maintenue dans toute sa vigueur, jusqu'à la prise de Boulogne « par les Anglois, qui ruinèrent la pluspart des lieux saints et s'efforcèrent autant qu'ils purent d'abolir principalement le culte de la sainte Vierge dans toute l'étendue de ce païs. »

Parmi les lieux de pèlerinage qui sont considérés comme les succursales du sanctuaire vénéré de Boulogne sur la mer, il faut placer au premier rang l'égise de Notre-Dame de Boulogne-sur-Seine, bâtie et fondée par les pèlerins de Paris qui venaient si nombreux au bord de la mer, rendre leurs pieux devoirs à la Vierge miraculeuse. C'est le monument le plus glorieux de la célébrité de notre pèlerinage.

La piété des habitants de Paris envers Notre-Dame de Boulogne était, au commencement du XIVe siècle, vraiment remarquable, on oserait presque dire extraordinaire. « Ils avoient, dit le chanoine Le Roy, une merveilleuse dévotion à cette glorieuse Vierge et tous les ans régulièrement ils faisoient le voyage de Boulongne, pour luy rendre leurs vœux devant la sainte Image. Mais venant à faire réflexion, que cette pieuse coustume pourroit à la fin estre interrompue, ou par accidents de la guerre, ou par la nécessité de leurs affaires domestiques, qui ne leur permettoient pas de réitérer si souvent un si long pèlerinage, ils s'avisèrent, par une précaution également sage et religieuse, d'établir dans leur voisinage ce nouveau lieu de dévotion, pour servir d'un heureux supplément au premier. »

Ce furent d'ailleurs moins les Parisiens que les rois de France eux-mêmes qui prirent l'initiative de la fondation de l'église de Notre-Dame de Boulogne-sur-Seine.

Philippe le Bel avait ordonné à Gérard de la Croix, garde des sceaux du Châtelet de Paris, de chercher dans la forêt de Rouvray, à côté de Menus-près-Saint-Cloud, un terrain propice à la construction d'une église dédiée à Notre-Dame de Boulogne-sur-Mer.

Le village de Menus parut aux fondateurs un endroit favorable.

Philippe le Bel mourut en 1314, avant d'avoir pu réaliser son désir [1]. Louis X le Hutin (1314-1316)

1. Penel-Beaufin, dans le premier volume de son *Histoire* si documentée de Boulogne-Billancourt qu'il a publiée en 1904.

n'eut pas le temps de s'occuper de la nouvelle église. Ce soin était réservé à son frère et successeur, Philippe V le Long.

« Gérard de la Croix, son frère Jean et des bourgeois de Paris, pèlerins et membres de la confrérie de Boulogne-sur-Mer, insistèrent, dans une requête au roi, sur l'utilité de la réalisation du pieux dessein de son père Philippe le Bel et de son frère Louis le Hutin, pour faciliter aux Parisiens le pèlerinage annuel de Notre-Dame, qu'ils étaient souvent forcés d'interrompre à cause des guerres ou de leurs affaires personnelles...

« Philippe V, qui avait connu les intentions de son père et de son frère, était lui-même très attaché au culte de la vierge Marie; aussi s'empressa-t-il d'accorder l'autorisation de construire une église au lieu choisi par les réquérants sur 5 arpents de terrain, offerts par Gérard et Jean de la Croix, mais qui dépendaient de l'abbaye suzeraine de Montmartre. D'après une légende, les fondateurs de l'église, montés sur des sables de la forêt, auraient lancé une boule en disant que là où elle s'arrêterait, Dieu voudrait que l'église fût élevée, et le terrain choisi aurait été celui de l'arrêt de la boule.

« Sans attendre l'autorisation abbatiale, Philippe V posa la première pierre de l'église le 2 février 1320, jour de la Purification, en présence de son frère Charles, de son cousin Philippe de Valois, de la cour, des seigneurs et du peuple; les trois truelles à manche d'argent, ornées de fleurs de lis, dont se servirent les princes à cette occasion furent conservées dans le trésor de l'église [1]. »

La sœur Jeanne de Repentie, abbesse de Mont-

1. Penel.

martre, et toutes les religieuses accordèrent les autorisations demandées et renoncèrent à leurs droits de propriété par des lettres patentes d'amortissement.

L'église de Boulogne-sur-Seine fut construite de 1320 à 1330. Philippe V lui donna une statue de Notre-Dame en argent doré, représentant la Vierge de Boulogne-sur-Mer. Après la mort de Philippe V, son frère et successeur, Charles IV le Bel, permit à la nouvelle église, en mai 1326, d'acquérir sur les domaines royaux un fonds de 30 livres parisis pour l'entretien du futur curé. Philippe VI de Valois demanda au pape de vouloir bien approuver l'église et la confrérie.

« Déférant aux désirs du roi, Jean XXII envoya d'Avignon deux bulles datées du 13 août 1329 : la première, à l'archidiacre de Paris, pour accorder aux membres de la confrérie le droit de présentation à la cure; la deuxième, à Hugues II de Besançon, évêque de Paris, pour lui ordonner d'ériger les Menus en paroisse distincte, séparée d'Auteuil, de bénir la nouvelle église sous le vocable de Boulogne-la-Petite, d'y établir des fonts baptismaux et un cimetière [1]. »

Peu de temps après sa construction, l'église de Boulogne-sur-Seine devint célèbre par les miracles très nombreux qui s'y opérèrent. Foulques II de Chanac, 88e évêque de Paris (1342-1349), atteste que par l'intercession de la Mère de Dieu, beaucoup de miracles se font journellement dans la nouvelle église paroissiale de Notre-Dame de Boulogne, autrement dite des Menus, *multa de die in diem pandantur miracula.* On y voit grossir le concours des populations pieuses, *in ipsam ecclesiam Deo devotus affluit populus.*

1. Penel.

Le chanoine Le Roy a lu dans les mémoires qui lui ont été communiqués le récit des merveilles opérées par Notre-Dame de Boulogne-sur-Seine. Parmi les heureux bénéficiaires des faveurs de la Vierge, les uns ont été garantis du naufrage, sur la mer ou sur la Seine; d'autres ont échappé, sur terre, à divers périls. Des enfants mort-nés ont revécu quelques instants afin de recevoir la grâce du baptême.

Le roi Jean II le Bon, qui, après sa délivrance, avait fait un pèlerinage à pied à Boulogne-sur-Mer, offrit de plus, en actions de grâces, à l'église de Boulogne-sur-Seine, un navire en argent doré, avec la statue de la Vierge et deux anges à ses côtés.

En 1412, beaucoup de Parisiens allèrent pieds nus en pèlerinage à Boulogne-sur-Seine, pour obtenir la cessation des fléaux de la guerre qui désolaient la France.

En 1420, on accorda des lettres de rémission, sous condition d'un pèlerinage à Notre-Dame de Boulogne-sur-Seine, à Colette, femme de Jean Mingois, qui avait fui de Paris après avoir trouvé mort le fils de Jean Cordier qu'elle nourrissait depuis sept mois.

Le jour de saint Marc, 25 avril 1429, les Parisiens allèrent en pèlerinage à Notre-Dame de Boulogne-sur-Seine. Le frère Richard, cordelier, leur prêcha si éloquemment sur les vanités du monde, que les fidèles, en sortant de l'église, envahirent les auberges et les hôtels de Boulogne et de Paris, s'emparèrent des cartes, jeux, boules et billards et y mirent le feu en plus de cent endroits. Les femmes jetèrent dans le brasier leurs parures, leurs bijoux et leurs diamants. Ce ne fut qu'un feu de paille qui dura peu de temps. Le beau zèle des Parisiens s'éteignit rapidement.

Cette même année, l'église de Notre-Dame de

Boulogne-sur-Seine eut l'honneur de recevoir une héroïne qui avait, elle du moins, un parfait mépris des vanités du monde : c'était sainte Jeanne d'Arc qui faisait un pèlerinage avant d'aller attaquer la porte Saint-Honoré de Paris.

« En même temps que l'église (écrit M. Penel-Beaufin), on fonda la grande confrérie de Notre-Dame de Boulogne-sur-Mer. Enrichie d'indulgences dès 1329 par Jean XXII et, le 13 août 1329, par quinze évêques sous son autorité, elle compta parmi ses membres des papes, des rois, des reines, des cardinaux, des seigneurs, d'illustres personnages dont les noms étaient inscrits sur des registres portant en tête ces mots, rappelant la filiation entre Boulogne-sur-Seine et Boulogne-sur-Mer : grande confrérie de Notre-Dame de Boulogne-sur-Mer, composée de pèlerins de l'un et de l'autre sexe, fondée dans l'église de Notre-Dame de Boulogne-la-Petite, près Saint-Cloud. »

On conserve encore une bulle d'Urbain VIII, accordant des indulgences (1631).

La confrérie prit le nom de confrérie royale, à cause de la protection que lui accordaient les rois de France.

Une inscription qui se trouve dans l'église nous apprend qu'à l'Image miraculeuse de Notre-Dame de Boulogne-sur-Seine était attaché « un morceau de l'ancienne et vénérable Image de Boulogne-sur-Mer. Cette relique est sous la protection du roi, comme celle du trésor de la Sainte-Chapelle. Elle ne peut sortir de l'église que par arrêt de la Chambre des Comptes, comme appartenant originairement au roi, qui a permis qu'on la portât une fois par an, sous un dais et pieds nus, avec flambeaux et encens, à l'abbaye de l'Humilité de la sainte Vierge, bâtie par sainte Elisabelle et dite Notre-Dame de Longchamp. »

Cette relique a été perdue pendant la Révolution. Pour la remplacer, M. l'abbé Haffreingue a donné, en 1856, à l'église de Boulogne-sur-Seine un morceau de la main droite de la statue miraculeuse de Boulogne-sur-Mer.

Immédiatement après la tourmente révolutionnaire, le cardinal Caprara, légat du pape, et le cardinal de Belloy, archevêque de Paris, rétablirent la confrérie de Boulogne-sur Seine. Pie IX lui accorda plusieurs faveurs.

La statue d'argent de Notre-Dame de Boulogne-sur-Seine, fondue pendant la Révolution, a été remplacée en 1851 par une Vierge assise. Le 15 août 1884, on bénit solennellement un nouveau groupe de Notre-Dame de Boulogne, représentant la Vierge Mère debout sur un bateau, entre deux anges portant des instruments de musique.

Quant à l'église de Boulogne-sur-Seine, elle a échappé au vandalisme des révolutionnaires. Elle a été classée en 1858 au nombre des monuments historiques [1].

Les Parisiens se doutent-ils que le seul nom de la ville et du *Bois de Boulogne* est un témoignage de l'ardente dévotion de leurs aïeux à Notre-Dame de Boulogne-sur-Mer?

1. Ce chapitre est emprunté presque tout entier à M. l'abbé Ducatel, *Mois de Marie de Notre-Dame de Boulogne.*

CHAPITRE IV

Nobles pèlerins de Notre-Dame de Boulogne. Rois de France et d'Angleterre.

Les humbles, les petits, les pauvres, les malades, les condamnés n'étaient pas les seuls dévots et pèlerins de Notre-Dame.

Les nobles personnages, eux aussi, affluaient en grand nombre, pour présenter à la Madone leurs hommages et leurs offrandes.

Les comtes de Boulogne, seigneurs de la ville et du pays, se distinguèrent par leur piété envers la Vierge boulonnaise. Ils marchèrent dignement sur les traces de la sa nte comtesse Ide et de ses illustres fils, enrichissant le sanctuaire de leurs généreuses donations.

La nécessaire brièveté de ce récit ne permet pas de les citer tous. Mais il faut mentionner la malheureuse comtesse Ide, femme du comte Renault de Dammartin, révolté contre Philippe-Auguste, allié aux ennemis de la France et vaincu avec eux à Bouvines.

Leur fille Mahaut épousa Philippe le Hurepel, ou le Hérissé, fils du roi de France, et oncle de saint Louis, qui devint ainsi comte de Boulogne. Pendant que son mari élevait le château et restaurait les remparts qui subsistent encore, elle manifestait une profonde dévotion envers Notre-Dame. Ses fondations en faveur du sanctuaire et des pauvres conservèrent son souvenir pendant des siècles après que son corps eut été déposé à l'entrée de l'église, à côté du tombeau de la comtesse Ide sa mère.

Avec elle s'éteignit la lignée de la grande maison de

Boulogne et le comté échut à la maison d'Auvergne, qui se montra toujours très dévouée à Notre-Dame.

La noblesse boulonnaise imitait ses comtes dans leur piété envers la Madone et leur générosité envers son église. Elle semble s'être attachée, comme eux, à « étendre son culte dans tous les endroits du païs, » Il est en effet remarquable que les principales abbayes de la région, la première église de Calais et la chartreuse de Neuville-sous-Montreuil, furent placées sous le patronage de la Mère de Dieu.

Du dehors, les pèlerins de marque venaient en foule. Au premier rang, il faut remarquer les comtes et comtesses de Flandre. La ville de Boulogne avait l'usage d'offrir le vin d'honneur aux pèlerins de qualité. Les comptes municipaux témoignent que, dans une seule année, de 1415 à 1416, treize pèlerinages ont été l'objet de cette distinction.

Les historiens du vénéré sanctuaire nomment en grand nombre ces nobles pèlerins et leurs riches offrandes. Mais il faut abréger leurs récits pour n'être pas infini.

Cependant il est impossible de ne pas citer les trois braves chevaliers vainqueurs du combat singulier de Saint-Inglevert. Pendant quatre jours, ils luttèrent contre les plus hauts seigneurs de la cour d'Angleterre, et le roi Charles VI voulut, dit-on, être le témoin secret de leurs exploits. Après leur victoire, ils attendirent trente jours sur le terrain, sans que personne n'osât plus se présenter devant eux, puis ils vinrent faire hommage à Notre-Dame de Boulogne de leurs chevaux et harnois.

Et ce maréchal de Crévecœur, Philippe d'Esquerdes, premier sénéchal du Boulonnais, qui, mourant auprès de Lyon, ordonna que son corps, escorté de soixante gentilhommes, fût transporté à Boulogne pour être inhumé « aux pieds de sa bonne maîtresse » dans le sanctuaire qu'il avait enrichi de ses libéralités.

Parmi tous ces nobles seigneurs tiennent la première place les ducs de Bourgogne, puissants comme des rois.

Philippe le Bon s'était emparé de la ville et du comté de Boulogne, qu'il avait pris aux La Tour d'Auvergne, et dont la possession lui fut assurée par Charles VII, au traité d'Arras, en 1435. Il se montra plein de bienveillance envers ce pays et y fit régner la prospérité. A maintes reprises, il fit preuve, ainsi que son fils et successeur Charles le Téméraire, d'une grande dévotion envers Notre-Dame. Tous deux comblèrent son sanctuaire de fondations et de précieuses offrandes. C'étaient, entre autres, une lampe d'or; une grande image de la sainte Vierge, en vermeil, pesant trente-six marcs, appelée la grande Notre-Dame de Bourgogne, couronnée d'or et de pierreries; un magnifique reliquaire d'or enrichi de pierres précieuses. Devant la statue vénérée, on voyait l'effigie, en or massif, de Philippe le Bon et de Charles le Téméraire, représentés à cheval.

Philippe et Charles successivement envoyèrent à Boulogne, pour les suspendre à l'autel de Notre-Dame, les étendards des Gantois deux fois révoltés. Charles voulut faire à pied le pèlerinage de Bruges à Notre-Dame. Mais, dès lors, les Bourguignons devaient prendre garde à un pèlerin, qui rendait aussi beaucoup d'honneurs à Notre-Dame de Boulogne : c'était le dauphin de France, futur Louis XI.

Après les saints, les plus illustres pèlerins de Notre-Dame furent les rois et les princes de France et d'Angleterre. Ils y vinrent en grand nombre. Nous avons déjà fait mention de Philippe-Auguste et de son offrande en 1216.

En 1254, ce fut le roi Henri III d'Angleterre, qui, retenu par la tempête, passa les fêtes de Noël aux pieds de Notre-Dame.

Huit ans après, nous voyons à Boulogne le roi saint Louis, neveu du comte Philippe. Il ne s'y présenta pas en pèlerin, mais il vint dans l'église de Notre-Dame, et qui peut douter qu'il ne se soit prosterné à ses pieds ?

Il avait été choisi comme arbitre entre la couronne et la noblesse d'Angleterre. Le pape Urbain IV lui prêta son concours et le légat pontifical, le cardinal Guy Foucaud, avait convoqué solennellement le clergé et le peuple dans l'église Notre-Dame de Boulogne. Cette assemblée a été mise au nombre des conciles. Deux députés politiques, avec les évêques de Worcester, Winchester et Londres, et l'archidiacre d'Oxford, se présentèrent seuls sans être agréés. Louis IX revint à Boulogne en 1268 et la même année Guy Foucaud, devenu le pape Clément IV, se souvenant du sanctuaire où il avait exercé la juridiction pontificale, le prit sous sa protection, par une bulle privilège.

Petit-fils de saint Louis, Philippe le Bel n'hérita pas les vertus de son aïeul. Mais à la bataille de Mons-en-Puelle, en 1304, sur le point de périr, il avait réclamé Notre-Dame de Boulogne en ce grand besoin. Il vint donc lui témoigner sa reconnaissance et lui présenter son offrande.

En 1306, sa fille, Isabelle de France, épousa en l'église Notre-Dame de Boulogne le roi d'Angleterre Édouard II. Auprès d'Isabelle se trouvaient le roi Philippe, avec ses deux frères, et ses trois fils, les futurs Louis X, Philippe V et Charles IV, les ducs de Bretagne, de Brabant, de Bourgogne, le comte de Flandre et un grand nombre de seigneurs. Le roi Édouard II était accompagné de sa mère, Marguerite de France, veuve d'Édouard Ier, et d'une noblesse aussi brillante que nombreuse. Jamais plus magnifique cérémonie ne s'est déroulée devant Notre-Dame de Boulogne.

Un demi-siècle plus tard, la situation respective de la France et de l'Angleterre était bien changée. Le roi de France, Jean II le Bon, qui avait épousé en secondes noces la comtesse Jeanne de Boulogne, fait prisonnier à Poitiers, était captif en Angleterre.

Son fils aîné, le dauphin Charles, vint à Boulogne en 1360, pour préparer la délivrance de son père. Dans une circonstance aussi critique, il tourna les yeux vers Notre-Dame et lui fit un vœu solennel.

Déjà nous avons cité les lettres qu'il donna en cette circonstance et dans lesquelles il rend témoignage à la fréquence des pèlerinages et aux nombreux miracles dont était illustré le sanctuaire de Notre-Dame. A l'endroit même où était érigée la statue miraculeuse et où ne se trouvait pas jusque-là d'autel, il en fit élever un magnifique que consacra l'archevêque de Reims. Charles régla ensuite l'ordre des messes et services qu'on devrait célébrer à perpétuité à cet autel royal, et en assura la fondation par des revenus constitués. Depuis cette époque jusqu'à la Révolution française, la chapelle de la Vierge eut une stalle appelée *stalle du roi*, que les rois de France occupaient quand ils entendaient la messe dans le sanctuaire de l'Image miraculeuse.

Bientôt après, le ciel se rendit propice à des vœux si justes et si fervents; Jean II fut mis en liberté. Partant de Calais le 25 octobre 1360, il vint à pied à Boulogne, dans l'humble équipage d'un pèlerin, s'acquitta de son vœu à Notre-Dame et ratifia tout ce que le dauphin avait établi.

Dans son pèlerinage, le roi de France était accompagné du roi d'Angleterre, le redoutable Édouard III, du Prince Noir et de deux autres fils du roi anglais. Déjà Édouard III était venu à Boulogne en 1329. Cette fois lui et ses fils firent la route à pied, et présentèrent leurs hommages à Notre-Dame. Avec Jean II, ils furent reçus à l'abbaye où l'on conclut un pacte qui modifia le traité de Brétigny d'une façon encore trop favorable à l'Angleterre.

En 1364, Jean II vint à Boulogne, où il s embarqua pour se constituer prisonnier à la place de celui de ses fils qui avait rompu son ban d'otage.

Devenu roi, Charles V continua d'honorer Notre-Dame. Il lui fit de généreuses offrandes, surtout lorsque, le 13 décembre 1367, une tempête d'une violence inouïe renversa le clocher, dont le poids démolit la toiture du chœur et broya les voûtes en pierre de l'édifice.

La guerre de Cent Ans ralentit, sans l'interrompre, l'affluence des Anglais aux pieds de Notre-Dame.

En 1475, le roi Édouard IV vint à Boulogne avec l'élite de la noblesse et le duc de Bourgogne. C'est probablement alors que son beau-frère, le comte d'Escales, décora la chapelle de Notre-Dame d'un tableau d'or massif.

Le roi de France Charles VI vint à Boulogne en 1386 et 1390, s'agenouillant, sans aucun doute, aux pieds de Notre-Dame.

Charles VII enfin, avant d'être sacré à Reims, avait offert à Notre-Dame de Boulogne un riche présent.

CHAPITRE V

Notre-Dame Suzeraine du comté de Boulogne.

Mais nous voici arrivés au point culminant de la glorieuse histoire de Notre-Dame.

Le comté de Boulogne était, nous l'avons dit, aux mains du duc de Bourgogne. Depuis longtemps, Louis XI en désirait la possession. Encore dauphin, il avait fait à Boulogne un pèlerinage qui n'était pas sans risques. Monté sur le trône, il envoya bientôt à la Madone un noble présent. Trois ans plus tard, considérant que l'église Notre-Dame était de fondation royale, il lui donna des lettres de protection et de sauvegarde.

A la mort de Charles le Téméraire (5 janvier 1477), il entra en campagne pour s'emparer de la Picardie et de l'Artois, mit bientôt le siège devant Boulogne, qui ouvrit ses portes après une faible résistance, peut-être même un simulacre de résistance (20 avril).

Boulogne, « le plus précieux anglet [1] de la chrétienté, » c'était la chose au monde que Louis XI, l'ayant une fois prise, eût le moins rendue. Il eut tôt fait de désintéresser le légitime propriétaire, Bertrand de La Tour, comte d'Auvergne et de Boulogne. Cependant il restait une question épineuse : le comté de Boulogne relevait du comté d'Artois. Ce comté d'Artois appartenait, pour le moment, au roi de France. Mais l'unique fille du Téméraire, Marie de Bourgogne, qui n'allait pas tarder à épouser l'archiduc

1. *Anglet*, petit angle.

Maximilien d'Autriche, pouvait le reprendre, avec la suzeraineté sur le roi de France pour le Boulonnais.

A Marie de Bourgogne, Louis XI préféra Notre-Dame. « Il se présenta devant l'Image miraculeuse, à genoux, nu-tête, n'ayant ni baudrier, ni éperons, et dans cette humble posture, il fit l'hommage du comté de Boulogne à la Vierge tutélaire de ce pays, entre les mains de l'abbé, » en présence de toute sa cour, des religieux, mayeur, échevins et habitants, « et, pour droit de relief, il présenta un cœur d'or du poids de treize marcs, depuis apprécié à deux mille écus, voulant que tous ses successeurs, rois de France et comtes de Boulogne, fissent le même hommage à la sainte Vierge et payassent, à chaque changement d'homme, un cœur d'or fin de même poids et valeur. »

Cette cérémonie, unique peut-être, n'était pas une simple consécration. C'était un hommage féodal et une reconnaissance de souveraineté à Notre-Dame sur la ville et le comté. Ce ne fut pas d'ailleurs une cérémonie vaine et frivole. Des lettres patentes en furent expédiées par la chancellerie, l'année suivante. Elles constatent la célébrité de cette église « en laquelle se font chascun jour de grands et beaux miracles par l'intercession de la dite Dame. » Elles investissent explicitement la Vierge de Boulogne « du droit et titre de fief et d'hommage de ladite comté. »

Ces droits et titre avaient, outre l'offrande du cœur d'or, d'importantes conséquences financières. Louis XI n'en contesta aucune. On a calculé que l'ensemble pouvait constituer un revenu de dix mille livres, qui s'ajoutait aux riches fondations déjà faites par le roi.

Cela prouve que l'intérêt politique, évident dans cette donation, n'est pas seul en cause. Nous devons croire Louis XI lorsqu'il atteste « la grande et singulière dévotion » qu'il a « à la glorieuse vierge Marie, Mère de Dieu... et à son église... fondée en la ville de Boulogne, » lorsqu'il parle de sa reconnaissance pour « les très grandes et singulières grâces que Notre-Seigneur lui a faites à l'intercession de sa dite glorieuse Mère, laquelle en la conduite de ses plus grands faits et affaires lui a toujours departi son intercession envers Dieu son fils. »

Par cette donation, « c'estoit, dit le vieil historien, faire connoistre à tous ceux qui aborderoient désormais en cette place qui est une des portes de France, que ce royaume est acquis à Marie d'une façon particulière, et qu'elle possède les cœurs de tous les sujets dans celui du prince qui en est le centre; c'estoit hautement la déclarer Dame souveraine d'un païs qu'elle avoit elle-mesme choisi pour y faire profusion de ses plus grandes faveurs; c'estoit enfin lui mettre sur la teste un des fleurons de cette première couronne du monde, qui ne reconnoit au-dessus de soy aucune domination temporelle. »

Il y a plus de deux siècles que le chanoine Le Roy écrivait ces lignes. N'est-ce pas ce qu'a proclamé naguère le souverain pontife Pie XI en déclarant Marie Patronne principale de la France ?

Quant à Boulogne et au Boulonnais, la donation de Louis XI en fait le fief de Notre-Dame. Jamais ville et contrée ont-elles appartenu plus étroitement à la sainte Vierge ? Par le fait, on y a le droit de donner à Marie l'appellation traditionnelle de *Patronne spéciale. Patrona nostra singularis.* Ce patronage est attesté par les statues de Notre-Dame qui dominent les portes de la cité.

Rien n'est plus cher aux Boulonnais que ce glorieux privilège d'appartenir à la Mère de Dieu. En 1790, comme on voulait réunir à un autre district la paroisse de Parenty, ses habitants protestèrent auprès de l'Assemblée nationale de leur volonté de rester les *sujets de Notre-Dame.* C'était l'expression de l'attachement séculaire, de la dévotion profonde de ces populations. Aussi le culte de Notre-Dame leur est extrêmement cher et elles saisissent toutes les occasions d'en donner les témoignages les plus touchants.

CHAPITRE VI

Après Louis XI.

Le sanctuaire de Notre-Dame de Boulogne en 1544.

La donation de Louis XI réalisa l'appellation du chroniqueur anglais qui déjà, au XIVe siècle, donnait à la ville privilégiée de Marie le nom de *Boulogne de Notre-Dame.* Maximilien d'Autriche la nommait la *ville Notre-Dame de Boulogne.*

L'hommage royal avait jeté sur le pèlerinage un éclat et un lustre nouveaux. Du royaume et des États voisins les pèlerins affluaient au vénéré sanctuaire.

Ce fut un singulier pèlerinage que celui du roi d'Angleterre Henri VII. En 1492, il s'empara de la basse ville et de là dirigea contre les remparts le feu de son artillerie. Ce fut un vain bruit. Henri dut abandonner la partie, mais il voulut se faire autoriser à visiter incognito, avant son départ, l'église si renommée de la Vierge miraculeuse.

L'année suivante, le roi Charles VIII, successeur de Louis XI, se fit un devoir de rendre en personne ses hommages à Notre-Dame et de lui présenter le cœur d'or qu'il lui devait. A son tour, Louis XII fit la même offrande à la sainte Vierge comme à la « dame souveraine du Boulenois. » La princesse Marie d'Angleterre, sœur d'Henri VIII, avait été promise en mariage à Louis XII. Le duc de Valois, le futur François Ier, vint la recevoir à Boulogne, en grande pompe. La première démarche de la future reine fut de monter à l'église Notre-Dame pour présenter ses devoirs à la Madone et lui faire ses dons.

François Ier revint à Boulogne en 1520 et y eut une entrevue avec Henri VIII, après les fêtes royales du Camp du Drap d'or. C'est sans doute à cette époque qu'il fit hommage du cœur d'or, pendant que la reine Claude offrit ses présents.

L'entrevue de ces deux rois en 1532, plus solennelle encore, marqua le dernier pèlerinage d'un roi d'Angleterre à Notre-Dame. François Ier et Henri VIII firent leur entrée dans la ville au milieu d'un cortège d'une splendeur inouïe. Mais, au milieu de ces honneurs, ils n'oublièrent pas, avant de se rendre à l'abbaye où leurs logements avaient été préparés, de faire leurs dévotions devant l'Image miraculeuse, et, dit un historien anglais, lui présentèrent leurs offrandes.

La haute noblesse de France et d'Angleterre se pressait dans le sanctuaire de Notre-Dame. Dans la suite des deux rois, on voyait quatre cardinaux, dont le cardinal de Lorraine, évêque de Thérouanne, et onze évêques.

Pendant leur séjour à Boulogne, François Ier et Henri VIII assistaient chaque matin à la messe, devant l'autel de la sainte Vierge, au milieu d'une pompe incomparable.

Le dernier jour, le roi de France tint dans l'église un chapitre de l'ordre de Saint-Michel, dont il conféra les insignes aux ducs de Norfolk et de Suffolk.

Quels étaient alors les vrais sentiments d'Henri VIII? Sa révolte contre Rome était déjà commencée. Depuis l'année précédente, il s'était fait proclamer, avec une réserve qui fut pratiquement comptée pour rien, le chef suprême et le protecteur du clergé d'Angleterre. Trois mois après son départ de Boulogne, il épousa clandestinement Anne de Boleyn, sans attendre la sentence du pape sur son mariage avec Catherine d'Aragon.

On devait le revoir au sanctuaire de Notre-Dame, après douze ans! Ce fut pour le profaner et s'emparer de la statue vénérable.

Vers le milieu du XVIe siècle, le sanctuaire de Notre-Dame était dans tout l'éclat de sa splendeur. C'était un des plus fameux de la France et du monde. Les pèlerins y accouraient de toutes parts. A bon droit, le P. Sertillanges le comptait récemment au nombre des plus célèbres qui illustrèrent notre pays [1].

Sanctuaire vraiment national, par les hommages que la Vierge y reçut de nos rois.

« C'était, dit un historien de ce temps, un lieu des plus saints et des plus augustes. Sept lampes, dont quatre étaient d'argent et les trois autres d'or, brûlaient incessamment devant l'Image de la sainte Vierge. Cette image montrait d'une main un cœur d'or et, de l'autre, elle embrassait son enfant, qui tenait des fleurs d'or, où se voyait une escarboucle d'une

1. « Nos hauts lieux sont des sanctuaires. Le Puy, Rocamadour, Chartres, Notre-Dame du Port, Fourvières, Boulogne-sur-Mer, la Sainte-Baume, le Mont Saint-Michel autrefois; aujourd'hui, les mêmes, et, en plus, Lourdes, Paray-le-Monial, Notre-Dame des Victoires, le Sacré-Cœur : telles sont nos bornes milliaires. » *Du rôle de la France dans la défense de l'esprit. Revue de la Semaine*. 23. 9, 21.

prodigieuse grosseur; les piliers et les colonnes qui environnaient l'autel étaient revêtus de lames d'argent. Enfin tout ce qui était dans cette chapelle le pouvait disputer avec ce que l'antiquité a jamais eu de riche et d'éclatant. »

La religion des rois et des peuples avait favorisé cette église de nombreuses fondations. Dans la trésorerie s'accumulaient les vases d'or et d'argent, les joyaux précieux, les diamants et les pierreries en nombre incalculable, les plus magnifiques ornements et les ex-voto, témoignages de la reconnaissance.

Plus estimable que tous les trésors, la piété des pèlerins et des Boulonnais était la plus belle parure du sanctuaire de Notre-Dame. Leur foule assiégeait son autel et obtenait d'elle des faveurs qui portaient sa renommée jusqu'aux extrémités du monde.

C'est alors qu'un prince apostat vint s'attaquer à la ville de Marie et porter les plus rudes coups à son église, sans réussir pourtant à détruire un culte dont la Vierge elle-même avait annoncé la durée perpétuelle.

LIVRE III

LE SANCTUAIRE ET LE PÈLERINAGE DE NOTRE-DAME DU SIÈGE DE BOULOGNE PAR LES ANGLAIS A LA RÉVOLUTION FRANÇAISE (1544-1799)

CHAPITRE PREMIER

Les Anglais à Boulogne.

Prise de la ville par les Anglais. — Profanations et restaurations. — Rétablissement de l'évêché de Boulogne.

Plusieurs fois les Anglais avaient en vain essayé de s'emparer de Boulogne, dont ils désiraient vivement la possession. « La ville Notre-Dame de Boulogne est bien forte, disait l'empereur Maximilien, elle est entourée de fossés et de murailles, et ses soldats sont les meilleurs de France. »

Mais c'est surtout en leur céleste Patronne que les habitants de la cité mettaient leur confiance, à Elle qu'ils avaient recours quand l'ennemi les menaçait.

En 1544, Henri VIII d'Angleterre fit un puissant effort pour prendre la ville jusque-là inviolable. Le 18 juillet, il mit le siège devant elle avec une armée de 47 000 hommes, qui couvrit les hauteurs de la Tour d'Odre à Ostrohove. La garnison était de

2 000 soldats. Les habitants aidèrent leurs défenseurs avec une valeur intrépide, encouragés par l'héroïque mayeur Eurvin et le dernier abbé de Notre-Dame, Jean de Rebinghes. Ils mettaient surtout leur espoir en Dieu et en « la benoîte Vierge Marie, » à qui ils attribuaient le succès avec lequel ils repoussaient les assauts multiples des Anglais, ce dont ils rendirent à Notre-Dame de solennelles actions de grâces.

C'est bien aussi le sanctuaire de la Vierge boulonnaise que le roi apostat avait en vue, et son culte, dont il poursuivait la destruction. Son camp retentissait de blasphèmes contre elle. Aucun édifice ne fut autant maltraité par les boulets de pierre de son artillerie, que l'église Notre-Dame. Le jour de l'Assomption, il multiplia tellement ses canonnades que le clocher fut renversé sur la voûte qui résista, comme par miracle, au choc de cette masse pesante.

Malgré les héroïques efforts de la population et du mayeur, malgré ses protestations et ses prières, le gouverneur, commandant des troupes royales, capitula. Il ouvrit les portes de la ville aux Anglais le 14 septembre 1544.

Les habitants refusèrent de vivre sous la loi d'un prince hérétique et furent tous chassés. Malgré les conditions de la capitulation, on les dépouilla de leurs biens. La ville fut livrée au pillage. Les richesses que la dévotion des siècles avait accumulées dans le sanctuaire de Notre-Dame furent en grande partie enlevées; les archives, trésor plus précieux, jetées au feu ou à la mer. La statue de Notre-Dame fut insultée, frappée et emportée en Angleterre comme un trophée de la victoire. Les Anglais profanèrent l'église, renversèrent les autels, brûlèrent les statues et les images, foulèrent aux pieds les saintes reliques. Ils renversèrent la chapelle de Notre-Dame et sur ses ruines établirent une terrasse armée de canons. Le reste de l'église, « ce lieu célèbre par grands et miraculeux prodiges en toute la chrétienté, » fut transformé en arsenal.

La dévastation s'étendit aux églises de toute la ville et des environs. A l'endroit où le bateau qui portait la statue miraculeuse avait abordé au port, un monument en rappelait le glorieux souvenir. C'était une image de Notre-Dame dans un navire, entourée de quatre anges. Les Anglais détruisirent le monument, brisèrent les statues et les jetèrent dans les fondements d'un boulevard qu'ils établissaient vers la place actuelle des Capucins. Près d'un siècle plus tard, on releva les fragments de celle de la sainte Vierge et, après l'avoir restaurée, on la plaça au grand portail de la cathédrale, où elle fut entourée de la vénération du peuple.

Tant de forfaits ne restèrent pas impunis. Bientôt la peste s'abattit sur la nouvelle population de Boulogne et fit des ravages terribles dans la garnison. Aucun remède n'en put arrêter le cours. On logea en vain les soldats hors de la ville séparément sous des tentes. Il mourut, disent les historiens, plus de dix mille personnes en cinq semaines, et Boulogne fut appelé le cimetière des Anglais. L'effroi de la contagion fut tel que les soldats ne voulurent plus y venir d'Angleterre; il fallut user de violence et les enchaîner pour les embarquer. L'opinion commune attribua ce fléau à une punition du ciel et en faisait le châtiment de ceux qui avaient profané le temple et l'Image de la Vierge.

Cependant Henri II, roi de France, fit à Notre-Dame un vœu pour le recouvrement de la ville dont elle était comtesse et souveraine. Incapables de tenir à Boulogne, les Anglais la cédèrent au roi. Les Français y rentrèrent après cinq ans et demi, le 25 avril 1550, en la fête de saint Marc, qui fut depuis consacrée chaque année par de solennelles actions de grâces.

Henri II lui-même fit son entrée le 15 mai, se rendit à l'église Notre-Dame, « y fit ses actions de grâces à la sainte Vierge pour le recouvrement d'un païs dont il la reconnaissoit pour souveraine, » et s'acquitta de son vœu en offrant une grande image d'argent massif de Notre-Dame dans un bateau, pour être mise en la place de l'Image miraculeuse transportée en Angleterre.

Bientôt le roi obtint des Anglais que la statue vénérée fût rendue à Boulogne. Le vaisseau qui la ramena sur le rivage même où le ciel l'avait autrefois amenée fut accueilli avec transport. Le clergé la reçut en procession et la porta comme en triomphe dans son ancienne demeure. Le peuple assista en foule à cette cérémonie et, par mille démonstrations extérieures, fit éclater la joie extrême qu'il avait de voir briller son étoile après une éclipse d'environ sept années.

L'église restait dans un état déplorable. L'abbé Jean de Rebinghes s'occupa activement de la réparer. Henri II lui vint largement en aide. Outre l'hommage du cœur d'or prescrit par la donation de Louis XI, il fit de généreuses offrandes et de riches présents à la Madone, en reconnaissance de sa protection qui lui avait permis de rentrer en possession de Boulogne. La reine Catherine de Médicis, qui descendait par sa mère des comtes de Boulogne, et de nombreux personnages l'imitèrent; à ce point que, après cinq ou six ans, les richesses de la Trésorerie, en y comprenant les joyaux cachés pendant le siège des Anglais, s'élevèrent à la valeur de deux cent mille livres.

Pendant ce temps, les pèlerinages, favorisés par

une bulle d'indulgence qu'octroya le pape Jules II, reprirent leur cours, les foules affluèrent de nouveau. La grâce des miracles se renouvela, et le sanctuaire de Notre-Dame commença de reprendre son antique splendeur.

Un événement d'une importance capitale devait y contribuer grandement.

Après la prise et la destruction de Thérouanne par Charles-Quint en 1553, sur l'ordre du cardinal de Lorraine, archevêque de Reims et métropolitain, les vicaires capitulaires et la majeure partie du chapitre avaient transféré à Boulogne l'administration épiscopale de la ville détruite. Henri II aurait voulu que Boulogne succédât pleinement à Thérouanne, comme ses titres historiques lui permettaient de l'espérer. Mais une partie du diocèse appartenait à l'Espagne. Cette puissance obtint que les évêchés de Saint-Omer et d'Ypres y fussent érigés. La partie française devint le diocèse de Boulogne.

Le 3 mai 1567, le pape saint Pie V, « considérant la population et la célébrité de la ville de Boulogne, la fertilité de ses campagnes, l'étendue de son commerce, et la facilité de ses communications, » supprima l'abbaye de Notre-Dame, érigea la ville en cité et l'église Notre-Dame en cathédrale pour être le siège d'un évêché. Claude-André Dormy fut nommé évêque de Boulogne et sacré à Paris. Mais de douloureux événements l'empêchèrent de prendre possession de son siège.

CHAPITRE II

Les huguenots à Boulogne.

La dévotion à la sainte Vierge et les pèlerinages dans ses sanctuaires ne plaisaient pas aux protestants. Ils prétendaient s'alarmer et voir un danger pour la France dans le grand nombre de pèlerins étrangers qui venaient, en particulier, à Notre-Dame de Boulogne. A les croire, le roi aurait dû mettre hors de ses villes de frontière les images ainsi vénérées.

A Boulogne, ils avaient rencontré une vive opposition dans le chapitre de l'église Notre-Dame et dans la population. L'institution d'une confrérie du Saint-Sacrement, ayant son siège dans cette église, et à laquelle les principaux habitants de la ville avaient donné leur nom, les avait particulièrement irrités. Comptant sur l'appui du gouverneur, le sieur de Morvilliers, qui était de leur religion, ils se crurent tout permis, envahissant et profanant les églises, massacrant des prêtres et des religieux, supprimant l'administration des sacrements pendant plusieurs mois, inspirant partout la terreur.

Pendant la nuit du 11 octobre 1567, des soldats huguenots trouvèrent moyen d'entrer secrètement dans la cathédrale, abattirent les statues, s'emparèrent de l'Image vénérée de la Vierge, la jetèrent hors de l'église, la corde au cou, et la traînèrent dans la boue, jusqu'au corps de garde de la porte de Calais. Là, ils commirent sur elle toutes sortes de profanations et de sacrilèges, et firent tout ce qu'ils purent pour la mettre en morceaux; mais en vain, car leurs cognées s'émoussèrent comme s'ils eussent frappé sur de l'acier ou sur un roc. Alors ils firent un grand feu où ils jetèrent la sainte Image. Elle resta cependant intacte au milieu des flammes, à la grande fureur des hérétiques.

Craignant que leur sacrilège ne fût découvert, ils firent transporter la statue au château de Honvault, à Terlincthun, près de Boulogne, habité par le sire de Frohart, qui était protestant, et la cachèrent dans du fumier.

La disparition de la statue jeta la consternation dans toute la ville. Les recherches les plus attentives restèrent sans résultat : le sieur de Morvilliers, qui les ordonna, en désirait-il le succès ?

Sa femme d'ailleurs avait dit que les églises « lui serviroient d'écuries, et qu'elle y feroit paistre et mettre ses chevaux. »

Certains de l'impunité, les soldats huguenots ravagèrent et pillèrent toutes les églises et chapelles de la ville, l'église Notre-Dame la première. Ils y brisèrent et mirent au feu les statues, abattirent les autels, rompirent les fonts baptismaux, démolirent le magnifique jubé, violèrent les tombeaux, enlevèrent les cloches, les lambris, les tombes de marbre et de cuivre et jusqu'au pavé et au plomb des toitures.

Les maisons claustrales de l'abbaye et l'église furent livrées aux flammes, qui consumèrent presque entièrement la salle du chapitre, les combles de la nef et du chœur et firent croûler la plus grande partie des voûtes.

La cathédrale était mise ainsi dans un état plus pitoyable que celui où elle avait été sous les Anglais. Instruit de ces désordres et de ces crimes, le roi Charles IX, indigné, donna ordre à Morvilliers de quitter

Boulogne, ce qu'il fit le 25 avril 1568, en cette fête de saint Marc qui fut dès lors doublement chère aux Boulonnais.

Entré solennellement dans sa ville épiscopale, le 3 avril 1570, le nouvel évêque de Boulogne avait à réparer les ruines morales et matérielles accumulées par les sectaires.

Mais la restauration et la reconstruction de sa cathédrale ne se firent que lentement, tant les sommes nécessaires étaient considérables. L'évêque, le chapitre, la municipalité y contribuèrent de tout leur pouvoir, aidés par les offrandes des rois de France et de plusieurs personnages notables. Il fallut cependant presque un siècle pour réparer les ruines faites par les Anglais et par les protestants.

Pendant qu'on travaillait ainsi à remettre en état ce temple désolé, quoique les choses y fussent en assez mauvais état et que l'Image de Notre-Dame en fût absente, des pèlerins y venaient encore. On y vit même de temps en temps éclater des miracles. Mais ce n'était plus l'affluence du passé et, à tous points de vue, la désolation régnait dans le sanctuaire ravagé.

L'Image miraculeuse était toujours au château de Honvault. Elle resta trois ans dans le fumier, sans se corrompre. On la jeta ensuite dans un puits, où, rapporte une pieuse tradition locale, une goutte d'eau perlant à travers la muraille, tombait de minute en minute comme une larme et semblait pleurer sur le sacrilège des huguenots.

La dame de Frohart était catholique. Par la rumeur publique, elle apprit que la statue de Notre-Dame pouvait se trouver dans le puits; elle l'y fit chercher, et l'ayant retirée intacte, la transporta en secret au plus haut de son logis. Là elle venait prier souvent. La première grâce qu'elle obtint fut la conversion de son mari.

Cependant le sire et la dame de Frohart n'osaient pas révéler leur secret, craignant d'être rendus responsables de l'enlèvement de la statue, des ravages et des vols commis dans l'église.

Quarante ans s'étaient écoulés depuis le sacrilège, lorsque, par une permission de Dieu, le sire de Frohart fit connaître à un pieux ermite de la forêt de Desvres, Vespasien de Fontaine, le trésor caché chez lui, et son intention de le lui remettre avant de mourir.

De cette proposition le solitaire s'entretint avec un prêtre de Boulogne, Antoine Gillot, homme d'une piété reconnue et d'une grande dévotion envers la sainte Vierge.

D'un commun accord, ils se rendirent à Honvault. Malgré quelques objections du vieux gentilhomme, Antoine Gillot s'empara de la statue, la chargea sur ses épaules, et prit le chemin de Boulogne. Le fardeau dépassait ses forces, mais il supplia la Vierge de lui donner assez de courage et d'énergie pour la porter jusqu'à la ville.

Ce fut le mercredi 26 septembre 1607 que la vénérable statue rentra à Boulogne : elle en avait été enlevée le 12 octobre 1567. Elle fut déposée d'abord chez Guillaume Mouton, ancien mayeur, où tout le monde accourut en foule pour la vénérer. De graves personnes témoignèrent qu'il en sortait une odeur agréable, dont l'air était tout embaumé. Il appartenait à l'autorité ecclésiastique de se prononcer sur l'authenticité de la statue. Dès le lendemain de son arrivée, le chapitre ordonna une enquête et les informations commencèrent.

Les témoins les plus qualifiés étaient les châtelains de Honvault. Jean de Frohart, âgé de soixante-quinze ans, son fils Nicolas, âgé de cinquante ans, ses frères et sœur, déposèrent que l'Image était bien celle qui avait été, pendant tant de siècles, honorée à Boulogne.

Ce témoignage était pour eux un devoir de reconnaissance, en même temps que de justice. Car Notre-Dame avait été à leur égard prodigue de ses bienfaits. Elle avait obtenu pour le chef de la famille la conversion à la foi catholique. Et, en outre, par une protection spéciale, sa maison avait été préservée de toutes sortes de dangers au milieu des guerres civiles et étrangères qui causèrent alors tant de maux dans le Boulonnais.

Fait remarquable : la protection de Notre-Dame sur cette famille s'est continuée pendant plus de trois siècles. Les descendants en ligne directe du sire de Frohart existent encore. Ils n'ont jamais cessé d'avoir une particulière dévotion à Notre-Dame de Boulogne, de propager son culte et de placer ses images dans les églises de leurs terres. Surtout, ils n'ont pas cessé d'éprouver les heureux effets de sa protection.Dans les plus grands dangers, blessés, abandonnés sur les champs de bataille, exposés aux émeutes de la Révolution, ils ont imploré Notre-Dame de Boulogne qui les a secourus. Cette faveur spéciale s'est manifestée jusque dans la dernière guerre, et, après la paix de 1918, le descendant direct du sire de Honvault, Jean de Lamettes de Frohart, est venu en pèlerinage à Notre-Dame, pour la remercier de l'avoir manifestement protégé au moins deux fois.

Rien ne montre mieux comment Notre-Dame de Boulogne sait récompenser le dévouement à son service.

L'enquête canonique, cependant, traînait en longueur, malgré le nombre et la précision des témoins.

LA PORTE DE CALAIS, A BOULOGNE-SUR-MER
DANS LE FOND, DÔME DE LA BASILIQUE.

Les uns attestaient qu'ils avaient assisté au retour de la statue rapportée d'Angleterre et ils la reconnaissaient parfaitement en celle qui venait de Honvault. Un ouvrier était entré dans la cathédrale, au soir du 11 octobre 1567, avec les soldats huguenots qu'il hantait alors pour gagner sa vie. Il avait assisté au sacrilège, aux efforts inutiles faits pour rompre la statue et pour la brûler. Lui aussi témoignait qu'il se trouvait en présence de la même sainte Image.

Mécontent de la lenteur des procédures officielles, Antoine Gillot fit, après treize mois, déposer la statue dans une chapelle de l'abbaye de Saint-Wulmer et crut pouvoir, de sa propre autorité, restaurer le culte de la Patronne de Boulogne.

D'accord avec le chapitre, le vicaire général fit fermer la chapelle, le 29 septembre 1610. Plus tard, la statue fut déposée dans la salle de la trésorerie de la cathédrale. Le peuple murmurait et réclamait avec instance sa vénérée Madone. Les faits miraculeux semblaient lui donner raison. L'un des plus remarquables est la guérison d'un enfant perclus. Sa mère, Marie des Portes, femme Tuvenant, affirma sous la foi du serment que son fils Pierre « était demeuré perclus de tous ses membres, ensuite d'une grande maladie, et ayant été un an entier sans se pouvoir remuer, était revenu dans une parfaite santé, ensuite d'une neuvaine. » La chapelle où était alors la statue de la Vierge étant fermée, cette pauvre femme, dans la vivacité de sa foi et de sa confiance, avait fait sa neuvaine « à la porte de ladite chapelle. »

Les marins d'un navire de Calais, le *Rossignol*, venaient en pèlerinage et faisaient chanter, dans l'église de Saint-Wulmer, une messe d'actions de grâces. Surpris par une violente tempête et se trouvant en grand péril, ils avaient invoqué Notre-Dame de Boulogne. Aussitôt le vent s'était apaisé et la mer était redevenue calme.

De même une dame anglaise, se trouvant à bord d'un navire assailli par une affreuse tempête, se souvint d'avoir entendu les hérétiques de Londres se moquer de l'Image de Notre-Dame de Boulogne. Elle invoqua cette puissante reine des mers, et fut aussitôt exaucée.

Jean Bertout, prieur d'un couvent de la Rédemption des captifs, près d'Arras, fort dévot à Notre-Dame de Boulogne, témoigna par une attestation signée de sa main que, revenant de Hongrie, il tomba avec son cheval dans un fleuve. En péril de mort, il invoqua la Vierge de Boulogne et se trouva immédiatement hors de danger, sans savoir de quelle manière cela était arrivé.

La marquise de Courtebourne, femme du lieutenant du roi en la ville de Calais, vint rendre de solennelles actions de grâces à Notre-Dame, ayant été, à la suite d'un vœu, délivrée d'une longue stérilité.

Une femme de Boulogne, Piconne Caillette, percluse de tous ses membres, émue de confiance au souvenir de l'ancienne dévotion et de l'admirable concours de pèlerins à Notre-Dame de Boulogne, eut le vif désir de visiter la sainte Image. Ses forces s'améliorèrent sur-le-champ, et elle put quitter son lit ; appuyée sur deux bâtons, elle vint saluer la statue au lieu où elle était alors honorée. Elle y resta quelque temps en prières; puis, laissant ses bâtons, elle s'en retourna tout à fait guérie, et sans aucun aide, publiant partout, dans le transport de sa joie, la grande merveille, que Dieu, par sa sainte Mère, venait d'opérer.

L'église de Notre-Dame allait « petit à petit se rétablissant » et elle était « de jour en jour décorée et embellie par la libéralité des gens pieux et dévots à la sainte Vierge. » Seule la chapelle de Notre-Dame restait dans l'état où les Anglais l'avait mise en 1544. « L'herbe poussait à loisir sur cette terre de miracles. »

Pour satisfaire les pieux désirs des pèlerins, on avait donné le nom d'autel de la sainte Vierge à celui de sainte Anne. Les fidèles y allaient prier avec grande dévotion.

En 1621, le second évêque de Boulogne, Claude Dormy, par une lettre pastorale exprima son intention de reconstruire la chapelle « où reposait, du passé, l'Image miraculeuse de la Vierge, » et sollicita à cet effet « les aumônes et bienfaits. »

Son appel fut entendu. Au premier rang des bienfaiteurs furent, avec l'évêque, le duc de Chaulnes, gouverneur de Picardie, et Gilles Folie, grand vicaire et curé de la paroisse Saint-Joseph en la cathédrale, très dévoué au culte de Notre-Dame.

La reconstruction dura trois ans et, le 25 avril 1624, Claude Dormy dédia solennellement l'autel et la chapelle de la sainte vierge Marie.

Mais l'honneur d'y rétablir la statue vénérable était réservé à son successeur Victor Le Boutillier. Les résultats de l'enquête avaient été soumis à la Sorbonne. Elle répondit « qu'il fallait rendre ses premiers honneurs à cette vénérable relique de l'antiquité et la reconnaître pour l'ancienne et miraculeuse Image de Notre-Dame de Boulogne. » Également consultés, les Pères jésuites d'Amiens avaient donné la même réponse.

L'évêque passa donc outre à quelques oppositions qui subsistaient encore. Le samedi saint, 30 mars 1630, il exposa de nouveau la statue, dans la chapelle, à la dévotion des fidèles, au milieu « d'une joie et contentement indicible de tout le peuple de Boulogne. »

Quatre-vingt-six ans s'étaient écoulés depuis le siège de la ville par les Anglais et soixante-trois ans depuis l'enlèvement de la statue par les huguenots. Ces deux douloureux événements avaient porté un coup funeste au pèlerinage de Notre-Dame. Il ne cessa point, puisque la sainte Vierge a choisi ce sanctuaire pour y être honorée à perpétuité. Mais il ne retrouva que partiellement son antique splendeur.

CHAPITRE III

Les pèlerinages et le sanctuaire aux XVIIe et XVIIIe siècles.

Les pèlerinages. — Offrandes. — Les rois et les princes. Les saints.

Moins considérable que par le passé, le concours des pèlerins de Notre-Dame de Boulogne attestait encore l'attrait que le vénéré sanctuaire excitait sur les âmes.

Les serviteurs de Marie y venaient individuellement ou en petits groupes, parfois de très loin et en accomplissant de fatigants voyages. Ainsi Denys-Pierre Faulconnier, de Dunkerque, fit vœu d'accomplir ce pèlerinage nu-pieds depuis le pont de Marquise jusqu'à la chapelle de Notre-Dame, ainsi, ajoute l'historien, « que le pratiquaient la plupart des pèlerins de Flandre. »

La dévotion envers la Mère de Dieu et son privilégié sanctuaire, l'exemple des ancêtres, le désir d'obtenir des faveurs et des guérisons, la reconnaissance des bienfaits accordés guidaient les pieux pèlerins.

Les pèlerinages collectifs des paroisses et des confréries sont signalés nombreux à cette époque. La peste, qui fit plusieurs fois son apparition dans le Boulonnais, en fut souvent l'occasion. Ce mal terrible, qui n'épargne personne, « a su faire pourtant quelques distinctions, dit un de nos historiens, et n'a pas osé toucher ceux qui s'étaient réfugiés entre les bras de la Vierge. »

La ville de Boulogne fut attaquée, en 1625, de cette dangereuse maladie. Elle avait déjà causé d'assez grands ravages, lorsqu'on organisa une neuvaine de prières continuelles devant la sainte Image, qui n'était pas encore rétablie dans son sanctuaire. La neuvaine finie, le fléau s'apaisa de telle sorte qu'aucun des habitants n'en mourut depuis. Le peuple de Boulogne regarda ce changement comme un effet du crédit de la sainte Vierge auprès de Dieu et de leur dévotion envers son Image miraculeuse.

En 1666, la peste infestait toutes les villes environnantes. A Boulogne, on se précautionna peu contre un mal si dangereux et si voisin. Mais on invoqua Notre-Dame. Des prières publiques et des processions se faisaient tous les jours dans la cathédrale. Une seule maison de la basse-ville fut attaquée et le mal ne se propagea pas. On eut « raison de dire que la sainte Vierge, qui a établi son trône au milieu de cette ville et dont l'Image en orne les portes, avait écarté la maladie. »

Au milieu de ce fléau qui jetait partout l'épouvante, bien des personnes et plusieurs paroisses du diocèse de Boulogne, mettant toute leur confiance en la Vierge, avaient fait vœu de venir honorer la sainte Image. On cite les paroisses de Notre-Dame et de Saint-Pierre de Calais, de Marck, d'Oye, de Guemps, de Sangatte, de Bonningues, de Licques, de Preures, de

Samer, de Desvres, de Wissant qui sont venues processionnellement, sous la conduite de leur pasteur, rendre à Dieu et à Notre-Dame de solennelles actions de grâces. Le pèlerinage de la paroisse de Wimille fut particulièrement édifiant et obtint la cessation immédiate de la maladie.

Les confréries de charité établies en grand nombre sous le partonage de saint Pierre, pour assister les malades et donner aux défunts une sépulture honorable et chrétienne, et dont les membres furent ainsi plus exposés au fléau, firent beaucoup de ces pèlerinages de reconnaissance, « en procession, avec croix et bannières, et grande affluence de peuple. »

Nous ne nous rendons pas compte de la difficulté et du mérite de ces voyages, faits ordinairement à pied par de mauvais chemins. Le curé de Courset, près de Desvres, a laissé le pittoresque récit du pèlerinage de sa paroisse entière en 1702, à Notre-Dame de Boulogne, pour gagner l'indulgence du jubilé. Toute la longue route se fit en procession et en ordre, sonneur en tête portant la clochette, jeunes gens et jeunes filles, le receveur de l'église « portant le cierge pascal, » les cinq chantres et le curé chantant les litanies; les seigneurs et dames de Courset, les femmes et les hommes. On était au mois de décembre et la pluie tombait à torrent; les pauvres « pénitents pèlerins, » trempés jusqu'aux os, avaient grand'peine à franchir les rivières, dont les eaux « sauvages » débordaient de toutes parts. On les passait avec l'aide des riverains qui prêtaient leurs charrettes, échelles et planches, ou sur des ponts improvisés où plusieurs risquèrent leur vie. La procession arriva cependant à Boulogne en bon ordre. Aux portes de la ville, on chanta l'*Alma Redemptoris* devant l'Image de la Vierge et l'on fut accueilli au son des cloches dans l'église de Notre-Dame.

Le soir, les pèlerins reçurent l'hospitalité en ville et le lendemain reprirent le chemin de Courset, où ils arrivèrent à la tombée du jour, au chant du *Te Deum.*

Le dernier pèlerinage de paroisse rurale mentionné avant la Révolution française fut celui de Samer, le 7 juillet 1789. Il se composait de quatre à cinq cents personnes, conduites par le clergé, qui arrivèrent à sept heures du matin après avoir fait la longue route à pied.

Toutes ces pieuses manifestations indiquent combien étaient profondes, dans les populations boulonnaises, la foi chrétienne et la dévotion à leur vénérée Patronne.

Avec leurs prières, ces pieux pèlerins présentaient à Notre-Dame de modestes offrandes, des ex-voto de reconnaissance, faisaient dire des messes d'actions de grâces.

Les personnes nobles et riches continuaient la tradition des siècles passés, enrichissaient le sanctuaire de magnifiques présents et de larges fondations. Ce n'était pas seulement le clergé et la noblesse du pays, les évêques et chanoines de Boulogne qui témoignaient ainsi leur dévotion. Les offrandes venaient parfois de loin, attestant que le culte de la Vierge de Boulogne n'était pas oublié. Nos historiens énumèrent longuement les présents offerts : riches diamants, robes précieuses pour la statue, vases sacrés, lampes d'argent, joyaux d'or et d'argent. Lorsque vint la Révolution, la trésorerie de Notre-Dame renfermait des richesses considérables.

Les ducs d'Aumont, gouverneurs de la ville, se distinguèrent parmi les généreux bienfaiteurs. Antoine, duc, pair et maréchal de France, fit élever à l'entrée du chœur un superbe jubé en marbre, dans le style du temps, qui s'accordait mal avec celui de l'église, mais qui était au moins un témoignage de grande dévotion. La coutume s'établit alors de chanter, toutes les fois que l'on rentrait processionnellement par la principale porte de la ville, l'invocation à la vénérée Patronne : *Patrona nostra singularis.*

Au premier rang des pèlerins de Notre-Dame, il faut continuer de mentionner les rois et les princes.

Les successeurs de Henri II négligèrent d'offrir à Notre-Dame de Boulogne l'hommage du cœur d'or qu'ils lui devaient à leur avènement. Il est vrai que Charles IX et Henri III contribuèrent à la restauration de la cathédrale, et le premier de ces rois offrit le grand vitrail qui se trouvait au-dessus du maître-autel, où il était représenté à genoux avec la reine aux pieds de la Madone.

Henri IV vint à Boulogne deux fois. Il ne fit pas non plus son hommage et il n'est point parlé de sa dévotion : la statue de Notre-Dame était alors cachée à Honvault.

Louis XIII reconnut expressément le droit de Notre-Dame de Boulogne et l'hommage qu'il lui devait. Deux fois, par arrêt du conseil d'État, il donna pour qu'on le payât des ordres formels qui ne furent pas exécutés.

Dans ses visites à Boulogne, le roi témoigna de sa dévotion à Notre-Dame. A Noël 1620, il communia à minuit devant l'autel de la Vierge. Le 1er janvier 1621, il communia de nouveau avec tous les chevaliers de l'ordre du Saint-Esprit, qui étaient à sa suite. En 1632, il voulut prier devant « l'ancienne Image qui était remise à sa place » et entendit la messe dans son sanctuaire.

A l'avènement de Louis XIV, de nouvelles instances furent faites auprès du conseil de régence. Un double hommage du cœur d'or fut accordé au nom du roi défunt et du roi régnant. L'arrêt royal enregistré au Par.ement et à la Chambre des Comptes reconnaît que l'hommage est *dû à cause de l'avènement à la couronne*, ce qui est l'attestation du droit féodal de Notre-Dame sur le roi, à cause du comté de Boulogne.

Douze mille livres furent remises pour ce double hommage royal. Elles devaient être employées à l'érection d'un autel et d'une clôture de marbre pour le chœur de la cathédrale, et le furent en effet. Louis XIII et Louis XIV y étaient représentés à genoux présentant chacun un cœur à Notre-Dame, et une inscription rappela cette offrande « en suite de l',nféodation que Louis XI fit de ce comté à Notre-Dame de Boulogne. »

En 1658, Louis XIV vint à Boulogne et admira ce travail. Dans les divers voyages que la cour fit depuis ce temps dans cette ville, on remarqua « dans leurs Majestés et dans toute la famille royale des sentiments de dévotion extraordinaires à la sainte Image. » Les reines Anne et Marie-Thérèse d'Autriche faisaient de longues prières et lui présentaient leurs dons; toute la cour se pourvoyait de souvenirs de l'Image miraculeuse; le roi et Monsieur son frère montraient un désir empressé d'être instruits de son histoire

L'année précédente, Henriette de France, reine d'Angleterre, avait offert à Notre-Dame un grand et beau ciboire de vermeil. Cette princesse n'a jamais manqué de visiter son sanctuaire toutes les fois qu'elle passa par Boulogne.

Jacques II, roi détrôné d'Angleterre, se montra aussi dévot serviteur de Notre-Dame, à qui il adressa fréquemment ses prières et son hommage. Son épouse, Josèphe d'Este, avait voué à la Madone son fils, le prince de Galles, comme pour réparer les impiétés commises envers elle par les Anglais. Ce prince, qui, à la mort de son père, avait pris le nom de Jacques III, vint plusieurs fois invoquer Notre-Dame.

A son avènement, Louis XV accorda à l'évêque et au chapitre de Boulogne la somme de six mille livres, pour tenir lieu du cœur d'or accordé par les rois ses prédécesseurs. Mais ce ne fut point à titre d'hommage. Le conseil d'État contesta à Louis XI le droit de céder cet hommage et d'y obliger ses successeurs, attribuant même son acte à l'ambition des anciens abbés de Notre-Dame. Comme si Louis XI avait été capable de se laisser influencer de la sorte dans une affaire intéressant le domaine royal! Le roi, cependant, qui ne fut jamais incrédule, malgré ses scandales, vint à Boulogne en 1744 et fit solennellement ses dévotions à Notre-Dame.

A l'avènement de Louis XVI, l'évêque de Boulogne, François-Joseph de Partz de Pressy, dans une lettre pastorale, rappela les droits de Notre-Dame à recevoir l'hommage des rois de France. Des démarches furent sans doute faites auprès de nouveau roi pour l'obtenir, mais sans résultat.

Dans la foule des pèlerins qui sont venus à cette époque prier Notre-Dame, aux humbles, aux pauvres, aux infirmes, aux princes et aux rois, s'unissent, comme aux siècles passés, les saints eux-mêmes. En 1716, Boulogne fut honoré de la visite de saint Jean-Baptiste de la Salle, fondateur des Frères des Écoles chrétiennes. Il fut accueilli avec grand honneur, malgré l'extrême pauvreté de sa mise, par le clergé et les magistrats. Le saint logea à l'hôtel de M. Abot de Bazinghen, sur l'emplacement des maisons actuelles des n°s 20 et 22 de la rue Saint-Jean. Nul doute qu'il soit venu prier à la cathédrale et honorer la Vierge qui y était vénérée.

En 1769, un autre pèlerin, pauvre lui aussi, vint à Boulogne. Benoît-Joseph Labre voulait consulter son évêque sur sa vocation. Il logea chez son parent, le chanoine Flament, au nº 3 de l'impasse de la rue de Lille, dans une maison qui subsiste encore, et fit une retraite au grand séminaire. Il vint certainement prier souvent la vénérée Madone et lui confier son avenir. Sur le conseil de Mgr de Pressy, il quitta Boulogne pour entrer chez les chartreux, en réalité pour inaugurer cette vie de pèlerin qui le conduisit à Rome et à la sainteté. Dieu avait voulu qu'il la commençât aux pieds de Notre-Dame de Boulogne, et c'est bien à juste titre qu'une image faite à Rome le représente à genoux devant la Madone de son pays natal.

Ne faudra-t-il pas bientôt mettre au nombre des saints pèlerins de Notre-Dame Louis-Nicolas Le Clercq, frère Salomon, de l'Institut des Frères des Écoles chrétiennes, né à Boulogne en 1745, massacré aux Carmes le 2 septembre 1792 et dont la cause de béatification est en excellente voie?

Son historien, Mgr Chassagnon, évêque d'Autun, fait remarquer que la mère du futur martyr avait hérité de sa propre mère « un attachement filial envers la très sainte Vierge. Cette piété était du reste une tradition à Boulogne et un patrimoine d'honneur : chaque habitant vénérait et visitait le sanctuaire de Notre-Dame qui domine la ville ainsi qu'un phare de salut. Marie-Barbe livra à ses fils ce trésor reçu, et versa doucement dans leur cœur, comme un parfum, l'amour envers la Reine du ciel, qui devint la protectrice de la maison[1]. »

1. *Le Frère Salomon*, p. 13.

Bien souvent, sans aucun doute, Louis-Nicolas Le Clercq vint prier Notre-Dame dans son sanctuaire et lui confier ses aspirations à la vie religieuse et à la sainteté.

CHAPITRE IV

Faveurs de Notre-Dame.

Guérisons. — Protection des enfants et des mères. — Marins sauvés.

L'un des attraits du sanctuaire de Notre-Dame de Boulogne était autrefois la multitude de « grands et beaux miracles qui s'y accomplissaient chaque jour » en faveur des pèlerins. Comme le pèlerinage lui-même, ces faveurs célestes se sont continuées, moins nombreuses sans doute qu'aux siècles précédents, mais mieux connues de nous par les récits qu'en ont laissés les historiens.

« Ce n'est pas, dit fort judicieusement le chanoine Le Roy, que je veuille faire passer pour des effets absolument miraculeux toutes les grâces et faveurs corporelles obtenues dans ces derniers temps par les mérites de Notre-Dame de Boulogne et que je vois couchées sur nos registres. » Beaucoup ne sont reconnus pour miraculeux que par la seule voix publique, mais plusieurs ont été l'objet d'enquêtes canoniques, et d'approbations épiscopales. C'est aussi un témoignage dont il faut tenir compte que « cette multitude confuse de figures d'or, d'argent et de cire, et le grand amas de potences et autres semblables trophées des maladies vaincues, que l'on voyait dans la chapelle » et « ce nombre prodigieux de messes qui s'y sont dites en actions de grâces, seulement depuis 1630. »

Dès le rétablissement de la statue dans sa chapelle de la cathédrale, le ciel sembla vouloir témoigner en sa faveur. Car, comme on fut obligé de retoucher à certains endroits de l'Image, à cause des mauvais traitements des Anglais et des hérétiques, on fit faire d'autres petites images des éclats et des parcelles qu'on tira de la grande. L'une d'elle était conservée au couvent des Ursulines de Bourges, et son attouchement opérait « tous les jours de très puissants effets envers toutes sortes de personnes affligées de maladies. » Une autre était honorée au couvent des sœurs noires de Saint-Omer, et entourée d'une quantité de cœurs et offrandes qui montraient dans quelle vénération elle était et combien de grâces avaient été accordées par son moyen.

La statue avait été rétablie le samedi saint 1630. Pendant la semaine de Pâques un enfant de Boulogne, Louis Fontaine, âgé de douze ans, fut guéri d'une paralysie générale dont il était atteint depuis trois ans. Il avait même perdu l'usage de la parole. Sa mère promit à Notre-Dame que, s'il guérissait, elle le mènerait dans sa chapelle, vêtu de blanc, nu-pieds et un cierge à la main. A peine eut-elle fait ce vœu que l'enfant commença à parler. Le lendemain il se leva et fut bientôt en état de se rendre à la cathédrale. Étant prêt d'entrer dans l'église, il sentit une faiblesse dans tous ses membres, qui le rendit immobile. Mais ayant répété trois fois après sa mère : « Sainte Vierge, priez votre Fils Jésus qu'il me donne la force d'accomplir mon vœu, » il s'échappa de ses mains et la devança dans l'église, sans avoir ensuite ressenti aucun reste d'infirmité.

Les guérisons de paralytiques au XVIIe siècle sont citées nombreuses. Ainsi celles de Jean Maréchal d'Hydrequent; d'Antoine Fricot, de Samer; de Barthélemy Rose, marin de Boulogne; de Jean Evrard, de la basse-ville de Boulogne; de Pierre Plet, de Calais, qui, « ayant entrepris de faire le pèlerinage de Boulogne, à l'aide de béquilles, fut tout surpris, en arrivant à Wimille, de se sentir guéri; » de Josse Cucheval, de Montreuil; de Robert Pennier, âgé de douze ans, de Calais. Cet enfant, ayant fait vœu d'aller en pèlerinage à Boulogne, put se mettre en marche, à l'aide de béquilles, ce qu'il n'avait pu faire jusqu'alors. Arrivé sur une éminence d'où il pouvait découvrir le clocher de l'église Notre-Dame, il s'arrêta pour faire sa prière et aussitôt reconnut qu'il n'avait plus besoin de bâtons. Il en chargea sa mère et, d'un pas leste, acheva son pèlerinage. Procès-verbal de cette guérison fut dressé le 6 juin 1655, sur l'attestation des sieurs Bénard et Harpalain, chirurgiens de la ville de Calais.

Parmi les paralytiques guéris, citons encore Suzanne Le Camus, de Boulogne; Anne Sire, de Calais ; mais surtout Marie Sergeant, fille du juge-conseil de la ville de Calais. Gravement atteinte depuis cinq ans, sans éprouver aucun soulagement des remèdes, elle voua une neuvaine de messes devant l'Image miraculeuse et voulut y assister, contre l'avis des médecins, qui ne la jugeaient pas en état d'entreprendre ce voyage. Le troisième jour de la neuvaine, le 13 septembre 1674, comme elle se disposait à communier dans la chapelle où on l'avait portée, elle fut prise de tremblement et de douleurs aiguës, suivies d'une sueur et d'une faiblesse extraordinaires, et fut étonnée que toutes ses infirmités la quittèrent en un instant. Les nerfs et les muscles de la hanche, dont elle souffrait depuis longtemps une fâcheuse contraction, devinrent souples, et la jambe, qui était diminuée d'un demi-pied, se trouva égale à l'autre. L'œil droit, qui était tout rétréci et retourné par la violence des mouvements convulsifs qu'elle avait essuyés, reprit sa figure ordinaire; tous les autres membres reprirent leur situation naturelle et recouvrèrent leur première force; les vomissements presque continuels, dont la malade était tourmentée, cessèrent depuis ce jour-là; et, ce qui a paru plus singulier à ceux qui ont examiné les circonstances de cette guérison, un cautère qu'elle avait à la jambe se sécha et se referma tout à coup, sans laisser d'autre vestige que la cicatrice. Personne ne douta qu'une guérison si soudaine et si parfaite ne fût l'effet d'une vertu surnaturelle.

L'évêque de Boulogne, messire François de Perrochel, l'illustre ami de saint Vincent de Paul, ordonna une information exacte de cette guérison. Elle fut faite par le chanoine Oudart Hache, et communiquée, avec la déclaration des médecins et chirurgiens, à cinq docteurs en théologie de la Sorbonne, dont l'avis fut favorable. L'évêque fit alors publier cette guérison dans son diocèse, comme un vrai et incontestable miracle obtenu par l'intercession de Notre-Dame de Boulogne, ordonnant dans la cathédrale un *Te Deum* d'actions de grâces précédé d'une procession générale.

A cette cérémonie, une femme d'Echinghen, habitant alors la basse-ville de Boulogne, apporta sa fille, Suzanne Descamps, âgée de neuf ans, et percluse de naissance. Elle avait confiance d'en obtenir la guérison. Étant dans la chapelle, sa fille lui demanda de la descendre de ses bras et de la poser sur le sol, l'assurant qu'elle pourrait marcher seule et « qu'une femme vêtue de blanc lui tendait la main. » De fait l'enfant s'avança seule jusqu'à la balustrade de l'autel, suivit la procession et retourna à pied dans sa maison. Procès-verbal de cette guérison fut également dressé.

Le Père Alphonse de Montfort, capucin du couvent

de Boulogne, fort dévoué à Notre-Dame, écrivait l'histoire de son ancienne Image, lorsqu'il fut guéri d'une rupture jugée incurable par les chirurgiens les plus experts, et d'une autre infirmité qui le faisait souffrir depuis vingt ans. L'évêque de Boulogne, Victor Le Boutillier, célébra, le 18 décembre 1631, une messe d'actions de grâces de cette guérison.

Péronne Bouchart, du Boulonnais, fut guérie d'un chancre à la bouche; la fille de François Ferbet, de Calais, d'un ulcère très dangereux au bras; Marguerite de Lattre, de Boulogne, d'un ulcère invétéré, après une neuvaine de messes devant la sainte Image; Guillaume Thiembronne, procureur et greffier en la sénéchaussée du Boulonnais, de pustules chancreuses aux jambes, avec inflammation et plaies douloureuses. Les sieurs Balhan, médecin, et Malval, chirurgien, attestèrent que les maux de maître Guillaume Thiembronne n'auraient pu être guéris par aucun remède, et que, après avoir considéré, visité, palpé et exactement examiné, ils avaient jugé que la guérison était divinement et miraculeusement arrivée à l'honneur de Dieu, par les prières et intercession de sa bienheureuse Mère, Notre-Dame de Boulogne.

Au Moyen Age, parmi les miraculés de Notre-Dame, les enfants mort-nés reçus à grâce pour être baptisés sont mentionnés souvent. Les historiens signalent un bon nombre de ces résurrections temporaires, accordées par l'intercession de la Madone. Celle-ci entre autres : en 1632, Isabelle Mennin, femme de Jacques Briffault, de la basse-ville de Boulogne, mit au monde un enfant « qui n'avait ni mouvement, ni respiration, ni aucun signe de vie. » Après une heure, la sage-femme eut l'inspiration de faire un vœu à Notre-Dame de Boulogne, vœu ratifié par la mère désolée.

Aussitôt l'enfant « ouvrit les yeux, pleura, donna toutes les autres marques de vie » et put recevoir le baptême.

Cette protection de la Vierge Mère de Dieu s'étendait sur les mères de famille « soit dans les disgrâces de la stérilité, soit dans les dangers de la grossesse, soit dans les périls de l'enfantement. » Plusieurs figures d'enfant, tant en cire qu'en argent, ou en argent émaillé, témoignaient de la reconnaissance de personnes de qualité ou du peuple. Les historiens en citent beaucoup, particulièrement Gratienne Desmaret, femme de Guillaume Ambroise, de Montreuil, qui fut délivrée par l'attouchement d'une parcelle du bois de Notre-Dame de Boulogne, alors que les assistants la tenaient pour morte. Denys-Pierre Faulconnier, de Dunkerque, et Marie-Marguerite Cardon sa femme, offrirent un ex-voto remarquable pour la naissance et la conservation d'un fils, obtenu d'abord, puis guéri par l'intercession de Notre-Dame.

Aussi n'est-il pas étonnant que la reine de France, Marie Leczinska, femme de Louis XV, étant enceinte, écrivit à Mgr Henriau, évêque de Boulogne, qui fit dire quatre cents messes pour elle à l'autel de Notre-Dame. De nombreuses actions de grâces furent rendues après la naissance du dauphin.

Il faut enfin mentionner la protection de Notre-Dame de Boulogne sur les marins, et les témoignages de leur reconnaissance. Leur dévotion s'était montrée aussitôt après le recouvrement de la statue et avant son rétablissement dans sa chapelle. Elle continua de se manifester dans la suite.

Un navire de Calais, dont Jean Fourmentin était pilote, fut assailli et désemparé en 1631 par une violente tempête. Il flottait au gré des flots et, pendant un jour, les matelots attendirent la mort. A la fin, ils invoquèrent Notre-Dame de Boulogne. A peine eurent-ils achevé leur prière que l'orage cessa. Un rayon de soleil, perçant la nue, leur montra la Tour d'Odre dominant le port de Boulogne et fit paraître à leurs yeux la montagne sainte d'où leur était venu le secours. Ils vinrent en grande allégresse rendre leurs actions de grâce à Notre-Dame dans sa chapelle.

Pierre Lamy, de Saint-Valéry-sur-Somme, attesta par serment que se trouvant, en 1633, sur un navire en face de Dunkerque, il fut assailli par une tempête très violente. Son père et deux autres matelots furent enlevés par des vagues. Lui-même fut aussi précipité dans la mer. A ce moment il s'écria : « Notre-Dame de Boulogne, ayez pitié de moi, priez Dieu pour moi! » A l'instant même une nouvelle vague le rejeta sur le vaisseau entre les cordages. Le calme revint et il put entrer au port de Boulogne.

La même année, Fontaine le Fèvre, écuyer du roi, et le marquis de Fontenay, ambassadeur de France en Angleterre, furent préservés d'un grand danger en mer.

Le 11 mai 1678, Nicolas de Roberty, de Montreuil, secrétaire du comte d'Estrées, vice-amiral de France, se trouvait en Amérique sur l'escadre dont le naufrage coûta à la France douze vaisseaux et neuf cents hommes. Avant de tomber à la mer, il fit vœu d'un pèlerinage à Notre-Dame de Boulogne, s'il était sauvé. Après huit heures entières, qu'il passa attaché à un bout de planche, il fut recueilli. Il fit son pèlerinage et signa sa déclaration devant le délégué de l'évêque et du chapitre.

Le sieur Herpin, capitaine de la frégate royale l'*Audacieuse*, après une tempête de vingt-cinq jours, était privé de vivres. L'équipage n'attendait que la mort par la faim. Herpin fit un vœu à Notre-Dame de

Boulogne, et fut aussitôt rejoint par une autre frégate qui le ravitailla. Il fit, en 1694, avec la plus grande partie de son équipage, le pèlerinage d'actions de grâces.

Ainsi s'acquittèrent d'un vœu, Augustin le Roy, lieutenant de vaisseau, en 1695; le sieur de Bassemesson et tout son équipage, en 1696; Jean Fromentin et son équipage, en 1700, déclarèrent que, jeté à la côte à Dannes, leur navire fut renversé, couvrant tous ceux qui étaient dedans, jusqu'à ce qu'un coup de vent le remît sur sa quille. Capitaine et matelots s'étaient jetés à la nage et aussitôt, dans l'état où ils étaient en se sauvant, ils vinrent en pèlerinage à Notre-Dame de Boulogne qu'ils avaient invoquée.

Dans le récit des faveurs de Notre-Dame de Boulogne, la ville de Calais a été nommée souvent : sa dévotion envers la Madone boulonnaise obtenait en effet des bénédictions maternelles.

Sa marine n'était pas moins protégée. Le maître de navire Michel Colombel vint, en 1677, présenter un tableau pour l'acquit d'un vœu fait en mer avec son équipage. Son bâtiment, démâté par la tempête, avait été contraint de s'abandonner à la merci des flots. Il avait alors invoqué le secours de Notre-Dame de Boulogne. En venant acquitter son vœu, il était accompagné d'un autre maître de navire de Calais, Pierre Brimont.

Il sera facile de voir, en lisant ces rapides récits, combien restait grande la dévotion envers Notre-Dame de Boulogne et de quelles merveilles elle était récompensée.

CHAPITRE V

Les désastres de la Révolution française.

Fermeture de la chapelle. — La statue livrée aux flammes. Destruction de l'église.

Cette dévotion persévéra pendant tout le XVIIIe siècle, malgré le progrès de l'impiété et la diminution de l'esprit religieux; de nombreux et récents ex-voto en témoignaient encore au début de la Révolution française. Le culte de Notre-Dame de Boulogne subit alors une épreuve qui semblait devoir le détruire.

La constitution civile du clergé prétendit supprimer, en 1790, l'évêché de Boulogne et l'incorporer au diocèse du Pas-de-Calais, dont le siège fut établi à Saint-Omer. Tous les biens des évêchés supprimés devant faire retour à la nation, les officiers municipaux se présentèrent pour faire l'inventaire du mobilier de la cathédrale. A l'exemple de l'évêque, Mgr Asseline, le chapitre protesta noblement et revendiqua au moins les intentions et les droits inaliénables des fondateurs. On passa outre. Mais, devant la chapelle de Notre-Dame, une question fut soulevée. Fallait-il considérer ce sanctuaire comme une dépendance de la cathédrale et en opérer la clôture, ou comme une dépendance de la paroisse Saint-Joseph et en laisser la libre disposition au curé ?

Le procureur de la commune, Pierre-Daniel Dutertre, se prononça courageusement pour la conservation de la chapelle à la paroisse. Il remarqua que « la vénération des habitants de la ville et surtout des marins pour Notre-Dame de Boulogne, s'étant dans tous les temps manifestée et souvent de la manière la plus sensible, il ne croyait pas possible de procéder à une apposition de scellés..., que ce serait alarmer le peuple, le priver d'un culte qui remonte à l'antiquité la plus reculée, et pour lequel il a la plus grande vénération; que disposer des ex-voto, ce serait priver des familles et des citoyens encore existants de la satisfaction de voir leurs offrandes décorer Notre-Dame de Boulogne, qui fait l'objet de leur piété; que... ce serait s'exposer à des insurrections de la part du peuple. » Il requérait « qu'il fût seulement procédé à l'inventaire des objets se trouvant en la dite chapelle de la Vierge et la sacristie qui en dépend, sans aucune espèce d'apposition de scellés, avec prière à MM. les officiers municipaux et à MM. les membres du Directoire de réunir tous leurs efforts pour la conservation du culte en la dite chapelle de Notre-Dame, objet de la plus antique vénération du peuple. »

Cette requête fut accueillie « provisoirement et sous toutes réserves, » et l'on procéda à l'inventaire du trésor de Notre-Dame.

Quelques mois plus tard, le 23 janvier 1791, mis en demeure de prêter le serment constitutionnel et schismatique, le chapitre et le clergé séculier de la ville refusèrent unanimement, à une seule exception près. Le lendemain, le chœur de la cathédrale fut fermé, le chapitre reçut défense d'excercer ses fonctions, la chapelle de Notre-Dame fut aussi fermée et la statue miraculeuse enlevée de son sanctuaire. Bientôt l'évêque, que ses mandements désignaient aux poursuites, dut quitter Boulogne et se réfugier à Ypres.

Le 10 novembre 1793, après avoir célébré en l'église Saint-Nicolas la fête de la déesse Raison, « pour en finir avec les anciennes superstitions, » on brûla sur l'esplanade, dans un immense bûcher, les statues, tableaux, reliquaires des églises, avec les archives de la ville, de la cathédrale, des communautés et des études des notaires. Ainsi périrent les derniers documents qui avaient échappé à la fureur des Anglais et des huguenots. La statue de Notre-Dame, sans doute par un reste de pudeur, avait échappé à cet auto-da-fé. Elle avait été transportée dans la salle du district (actuellement la sous-préfecture) et longtemps elle resta déposée contre le chambranle d'une cheminée. On l'avait dépouillée de ses ornements, et il fut facile de constater sa haute antiquité. Le bois dont elle était sculptée était tellement vieux qu'il était difficile d'en reconnaître l'essence, et, pour la soutenir, il avait fallu l'entourer avec soin de plaques de métal.

C'est là que la vit un jeune officier de l'armée du Nord, M. Cazin de Caumartin, venu à Boulogne en mission. Il fut au district pour faire viser sa feuille de route. La salle était déserte. S'apercevant qu'une partie d'une des mains de la statue, qui avait été brisée, tenait à peine, il la détacha du poignet à l'aide de son sabre. Il s'empressa d'aller l'offrir à sa tante, Mlle Alix Cazin, qui lui sut infiniment gré de ce religieux cadeau.

Cette main devait seule subsister de la statue miraculeuse. Les révolutionnaires de Boulogne, qui n'épargnaient cependant pas les blasphèmes, même envers Notre-Dame, furent accusés de modérantisme par le régicide André Dumont, commissaire de la Convention.

Il ordonna de brûler l'antique statue, qui fut livrée aux flammes le 28 décembre 1793.

Ce fut une scène lamentable. « Le hideux cortège des sans-culottes armés de piques et hurlant la *Marseillaise* avait été chercher Notre-Dame au district. La ville était pleine de peuple : c'était un samedi, jour de marché. La bise glaciale de décembre, un temps pluvieux, quelque chose comme le ciel de Paris au 21 janvier précédent, ajoutait à l'horreur qu'inspiraient toujours ces démonstrations bruyantes et cet enthousiasme aviné. Il pouvait être quatre ou cinq heures du soir.

« L'épouvante saisit toute la population, glacée de terreur à la pensée du crime qu'on allait commettre. Un sans-culotte coiffe la sainte Image de l'ignoble bonnet rouge et l'élève au milieu de la troupe, qui fait retentir l'air de hourras et d'imprécations. Comme dans la Passion du Sauveur, on fait à Notre-Dame des saluts hypocrites, on la soufflette, on l'insulte. André Dumont préside, « il en rendra compte à la Convention... »

« Un bûcher s'allume à côté de l'arbre de la réunion; Notre-Dame y est jetée, aux applaudissements de la société montagnarde; et alors des trépignements frénétiques, une ronde infernale, des danses civiques et le son du bourdon communal témoignent que désormais les républicains de Boulogne sont « à la hauteur de la Révolution. »

Pendant longtemps on s'est demandé si la statue de Notre-Dame de Boulogne avait été consumée dans le bûcher révolutionnaire. A diverses reprises, dans la ville et dans les campagnes, le bruit se répandit de la conservation de cette relique vénérée.

« Pour nous, écrivait l'abbé Haigneré, qui n'avons pu converser qu'avec des derniers demeurants de la génération d'alors, nous avons souvent entendu des vieillards nous dire que Notre-Dame serait un jour retrouvée. Ils racontaient que, fort avant dans la nuit, jusqu'à neuf ou dix heures du soir, les patriotes entretinrent le feu, sur la place d'armes. On apportait des fagots, du suif, de l'huile : l'antique statue résistait à tous les efforts. Qu'en est-il advenu? Les révolutionnaires de 1793 ont-ils eu le pouvoir de faire ce que n'avaient pu faire les huguenots de 1567 ? Ou bien ont ils aussi jeté la sainte Image dans quelque immonde cloaque d'où elle sortira un jour pour être rendue à la vénération publique? Il nous semble difficile aujourd'hui d'en conserver l'espoir. »

Et combien plus maintenant!

Pour les révolutionnaires, ce n'était pas assez d'avoir jeté au feu la sainte Image de Notre-Dame de Boulogne, ils voulaient faire disparaître du sol son antique sanctuaire. Le marteau de la *bande noire* était impatient de briser ces pierres séculaires, de faire tomber ces murs qui avaient vu tant de générations chrétiennes s'agenouiller et prier, et qui rappelaient de si touchants souvenirs de piété et de dévotion envers la Patronne du Boulonnais.

En juillet 1798, l'administration centrale du Pas-de-Calais mit en vente la cathédrale de Boulogne. Quelques habitants de la ville, interprètes sans doute de la pensée de la majorité, formèrent le projet de se rendre adjudicataires de cet édifice, pour le sauver de la ruine. Mais ils durent être effrayés de l'énorme enchère jetée tout à coup par la société des démolisseurs. Sur une mise à prix de 18 000 francs, la cathédrale, le palais épiscopal et leurs dépendances furent adjugés à la bande noire pour 510 500 francs, le 21 juillet 1798. Les acquéreurs étaient tous étrangers à Boulogne, habitants d'Arras et de Béthune.

Bientôt le sanctuaire où la Vierge avait fait tant de miracles tomba pierre par pierre. « Alors, dit un témoin oculaire, s'exécuta un grand et déplorable désastre. Nous voyons encore (car quoique enfant, ce souvenir a laissé des traces ineffaçables dans notre mémoire), les tombeaux violés, les colonnes et les statues de marbre renversées, les autels profanés, brisés et les murs du lieu saint s'écroulant avec fracas sous les coups de la pioche et du marteau des profanateurs. »

Sur le sol du sanctuaire de Notre-Dame de Boulogne il ne resta que des décombres. Mais la Vierge avait choisi ce lieu pour y être honorée à perpétuité. Il ne pouvait rester en cet état et attendait le restaurateur.

LIVRE IV

LE SANCTUAIRE ET LE CULTE DE NOTRE-DAME DE BOULOGNE DEPUIS LA RÉVOLUTION FRANÇAISE

CHAPITRE PREMIER

Le culte de Notre-Dame après la Révolution.

Le concordat de 1801 rendit à la France la liberté religieuse. Mais la Révolution laissait Boulogne dans un état lamentable. La cathédrale était détruite, le siège épiscopal supprimé, le culte de Notre-Dame ne subsistait que dans le cœur de ses enfants fidèles, la paroisse de la Haute-Ville, moins heureuse que celle de Saint-Nicolas, n'avait même pas d'église. Elle s'installa pendant quelques années dans les salons de l'hôtel d'Aumont, aujourd'hui Institution Haffeingue, puis elle obtint, en 1806, sous le vocable de saint Joseph, l'ancienne église des Annonciades. C'était l'emplacement de l'hôpital Sainte-Catherine, destiné pendant des siècles aux pèlerins pauvres et infirmes de Notre-Dame.

Le deuxième curé de Saint-Joseph, M. Voullonne, ancien vicaire général de Boulogne, pénétré de dévotion envers Notre-Dame, rétablit le culte de l'antique Patronne de la cité. Aidé par les vétérans du clergé boulonnais, il éleva dans l'ancienne chapelle intérieure des Annonciades, réunie à l'église, un autel spécial, semblable à celui qui existait autrefois en la cathédrale. Sur les indications fournies de mémoire par les personnes qui avaient vu la vieille Image, on en exécuta une copie. Comme l'ancienne statue, c'était une Vierge noire. Mais elle en différait d'une manière notable et il est surprenant qu'on ait fait erreur sur un point important.

De même que toutes les Madones antiques, l'Image de Notre-Dame était assise, et c'est ainsi qu'elle a toujours été représentée avant la Révolution française, sans que nous connaissions d'exception. Les sceaux du XIIIe siècle en donnent une représentation fidèle qui ressemble extrêmement à la statue de Notre-Dame des Miracles de Saint-Omer, laquelle date d'ailleurs de l'époque où le pèlerinage et les miracles de Notre-Dame de Boulogne étaient connus partout. Jamais, jusqu'en 1806, on n'avait représenté Notre-Dame debout. On fut trompé sans doute, parce qu'on avait toujours vu la statue revêtue de robes précieuses, qui en dissimulaient l'attitude. Il est fâcheux que, à cette occasion, l'iconographie traditionnelle ait été modifiée. Désormais Notre-Dame sera presque toujours représentée debout dans la barque, ordinairement entre deux anges. Encore, et même dans des monuments importants, comme la mosaïque du maître-autel de la basilique, a-t-on supprimé le cœur que la Madone doit tenir dans la main droite, en souvenir de l'hommage des rois de France.

Telle qu'elle était, la nouvelle statue fut placée sur l'autel qui lui était destiné. « Bientôt on la revit dans son bateau, portant dans ses bras ce divin enfant né pour le salut du monde, et sous les traits et avec les ornements qu'on lui avait connus autrefois. Nos marins s'empressèrent de venir lui demander une pêche favorable, la remercier d'avoir échappé aux abîmes de l'océan, et suspendirent, comme aux temps anciens, à l'autel de Marie les ex-voto, gages de leur reconnaissance et de leur piété. » A l'occasion de l'inauguration de cette statue, on célébra une neuvaine solennelle qui fut suivie par un grand nombre de personnes de la ville, heureuses du rétablissement d'un culte si cher aux Boulonnais. Vers le même temps, les pèlerins revinrent prier la sainte Vierge dans sa chapelle. La paroisse de Samer, qui était venue la dernière avant la Révolution, se présenta la première, en grande affluence, et de nouveau trois ans après, par suite d'un vœu fait autrefois en temps de peste.

La première offrande fut présentée en souvenir d'un vœu fait avant la Révolution. Une enfant, Marie Aucoin, fille d'un capitaine de navire, avait été privée de l'usage de ses membres et les médecins avaient déclaré qu'elle ne guérirait jamais. Une neuvaine fut faite, pour obtenir sa guérison, à Jésus Flagellé et à Notre-Dame de Boulogne. Le dernier jour de la neuvaine, dans l'ancienne chapelle de Notre-Dame, la veille de la fermeture de ce sanctuaire béni, l'enfant, qui avait été apportée sur sa petite chaise, devant l'Image miraculeuse, se leva tout à coup, à la fin de la messe, et se mit à marcher avec aisance, à la grande admiration des assistants. Marie Aucoin, devenue Mme Édouard Haffreingue, offrit au nouvel autel un ciboire en vermeil.

Dès son retour en France, Louis XVIII vint à Boulogne, le 26 avril 1814. Il se fit conduire à l'église Saint-Joseph, dont était alors curé M. Mathon, ancien secrétaire particulier de Mgr de Pressy. Accompagné de la duchesse d'Angoulême, du prince de Condé, du duc de Bourbon et de sa cour, le roi fut reçu en grande solennité par Mgr l'évêque d'Arras. Placé sous un dais, en face de la chapelle de la sainte Vierge, il fit hommage de sa couronne à Notre-Dame et rendit au ciel de vives actions de grâces.

Au lit de mort du dernier évêque de Boulogne, Louis XVIII lui avait promis de rétablir le siège épiscopal. Il l'obtint, en effet, de Pie VII par le concordat de 1817. Mais l'opposition parlementaire empêcha l'exécution de ce concordat, et, dans celui de 1822, il ne fut plus question de l'évêché de Boulogne. La raison principale en fut sans doute que la cathédrale était détruite et que les dépenses de sa reconstruction seraient trop élevées.

CHAPITRE II

Restauration de l'église par M. l'abbé Haffreingue.

La reconstruction. — Foi et confiance du restaurateur. Offrandes.

La grande œuvre de cette restauration, devant laquelle reculaient les pouvoirs publics, un seul homme l'entreprit et la mena à bonne fin, un simple prêtre. sans fortune et sans situation officielle.

Benoît-Agathon Haffreingue était né à Audinghen, le 4 juillet 1785, d'une famille honorable de laboureurs. Quelques heures avant la fermeture du sanctuaire de Notre-Dame, amené par sa mère, il s'agenouilla devant l'Image miraculeuse. On raconte que la pauvre femme pleurait à la pensée de ce qui se préparait et que l'enfant la consola en lui promettant de restaurer ce qu'on allait détruire.

Jusqu'à vingt ans, il ne s'occupa que des travaux de la ferme. Se sentant appelé au sacerdoce, il fit rapidement ses études, d'abord au pensionnat d'Audinghen, puis à Paris, au collège Stanislas, où l'avait attiré l'abbé Augé, ancien supérieur du petit séminaire de Boulogne et préfet de mission dans le diocèse pendant la Révolution. Le pensionnat d'Audinghen ayant été transféré à Boulogne par les décrets impériaux, l'abbé Haffreingue y fut l'auxiliaire du supérieur, M. Compiègne. Le 5 août 1815, il loua l'ancien évêché et y établit le pensionnat dont il prit la direction en 1816.

De l'antique église de Notre-Dame, il ne restait que quelques pans de murs, conservés en guise de clôture pour l'isoler des propriétés voisines; çà et là, au milieu d'une masse énorme de débris, quelques tronçons de colonnes brisées, quelques restes de pierres sculptées, de chapiteaux oubliés, perdus dans les décombres. La désolation régnait dans le lieu saint, et ceux qui avaient vu les splendeurs de l'édifice s'éloignaient le cœur navré. L'herbe poussait sur le sol du sanctuaire vénéré; diverses plantes parasites, quelques arbrisseaux apparaissaient sur les décombres et semblaient vouloir sous leur feuillage cacher toutes ces ruines.

Nul ne songeait à la reconstruction. On avait proposé de bâtir là des maisons particulières, d'y établir un marché, même d'y construire une prison. Mais Notre-Dame veillait. Le 18 août 1820, l'ancien évêché et l'enclos de la cathédrale furent mis en vente publique : l'abbé Haffreingue les acheta et acquit ensuite l'ancien petit séminaire. Quels étaient ses desseins? Une des divisions du pensionnat prenait sa récréation dans l'enceinte sacrée du vieux temple. Le supérieur venait souvent se mêler aux ébats de ses élèves. Parfois on le voyait s'arrêter et rester longtemps pensif devant ces tristes ruines. Certainement l'homme de Dieu songeait au moyen de les réparer.

Capable de concevoir les plus audacieux projets, l'abbé Haffreingue était toujours prudent à les exécuter.

Il attendit douze ans. En 1827, il se proposa de rétablir l'ancienne chapelle de Notre-Dame et de la faire précéder d'une rotonde, qui servirait en même temps de chœur à la chapelle de son établissement. Au mois de mars, on mit à découvert les fondations et le 1er mai « le 1er de ce mois si cher aux serviteurs de Marie [1], » la première pierre fut posée, en présence des autorités civiles et d'une foule considérable.

« Quarante-huit heures auparavant, l'on n'avait aucun fonds pour cette entreprise, si l'on en excepte quelques légères offrandes, ne s'élevant pas ensemble à la somme de mille francs [2]. »

On rapporte à ce sujet un touchant épisode : « Un jour, une pauvre femme vint trouver l'abbé Haffreingue et lui dit : « J'ai appris, mon Père, que vous avez depuis longtemps l'intention de faire reconstruire l'église de Notre-Dame de Boulogne; je ne suis pas riche, mais toute pauvre que je suis, je désire y contribuer, veuillez recevoir ma faible offrande. » Et elle lui remit une pièce d'or de vingt francs qu'il accepta, en lui assurant qu'avec cela il commencerait les travaux.

La Providence ne fit pas défaut au dévoué serviteur de Notre-Dame. La veille de la pose de la première pierre, l'ancien sénéchal du Boulonnais, Omer de Patras de Campaigno, lui remit une somme de 48 000 francs qui fut doublée dix-huit mois plus tard.

D'autres offrandes vinrent : les travaux de la chapelle

1. Mémoires manuscrits de Mgr Haffreingue. Archives de Notre-Dame.

2. *Ibid.*

et de la rotonde, qui sert maintenant de base au dôme, furent poussés avec activité.

A peine la pioche eut-elle été mise dans cette terre de miracles que l'opinion publique se prononça pour la reconstruction de l'église entière. L'abbé Haffreingue modifia ses projets, et ne put, à cause de la Révolution de 1830, les réaliser que plus tard.

Le 8 décembre 1829, il célébra la première messe dans une petite chapelle, située au chevet de l'édifice et qui fut la chapelle de Congrégation de son collège. Dès lors, son plan était arrêté : la rotonde projetée serait surmontée d'un dôme, en avant duquel serait construite l'église.

Il aurait voulu, comme beaucoup de ceux qui avaient connu l'ancienne cathédrale, la rebâtir dans le même style, qui était un mélange de roman et de gothique. Mais il n'y avait à cette époque ni architecte ni ouvriers capables d'en conduire les travaux. « On fut, dit-il [1], en conséquence, forcé de prendre un autre plan sous l'inspiration de Notre-Dame de Boulogne, qu'on avait en vue de glorifier. »

De ce plan, il fut le principal auteur. A partir de 1832, il en reprit la réalisation, encouragé par la bénédiction de Grégoire XVI. Tous les efforts se portèrent alors vers la chapelle de Notre-Dame et sur le dôme.

Mais l'opinion publique réclamait plus que jamais la construction d'une vaste église. On venait de débarrasser de ses décombres la crypte du XIIe siècle, découverte en 1827, et son ouverture avait provoqué de vifs désirs de restauration. L'abbé Haffreingue y céda et la première pierre du nouvel édifice fut posée le 8 avril 1839.

Il devait être rattaché au dôme, mais en rester indé-

1. *Mémoires.*

INTÉRIEUR DE LA BASILIQUE.

pendant et distinct. Ainsi, au lieu de se trouver, comme il doit l'être normalement, à la croisée du transept, le dôme serait placé à l'abside. Ce défaut d'unité tient aux modifications successives apportées dans ses plans par le restaurateur.

Avec une admirable persévérance, il poursuivit son travail, à mesure que les ressources lui arrivaient. La chapelle de Nôtre-Dame fut terminée en 1840, et le 29 mai, le cardinal de la Tour d'Auvergne, évêque d'Arras, la bénit et y célébra la messe. Le prince de l'Église était de l'illustre famille qui succéda aux comtes de Boulogne dans la possession de la ville et du comté et que Louis XI, en la dépossédant définitivement, avait dédommagée par le don du Lauragais. Un demi-siècle s'était écoulé depuis la fermeture de l'ancienne chapelle. L'assistance était pénétrée d'une émotion profonde et l'on entendait les sanglots des vieillards qui pleuraient de joie.

Les travaux durèrent encore plus de vingt-cinq ans. On les poursuivait à la fois à l'église et au dôme. Celui-ci fut terminé en 1856 et la croix fut placée le 26 août au sommet de la flèche hardie. La statue de l'Immaculée Conception qui, dans la lanterne domine la ville et les flots, fut inaugurée le 30 août 1857, dans des fêtes incomparables. Enfin achevée, l'église fut consacrée par Mgr Lequette, évêque d'Arras, le 24 août 1866. Il y avait près de quarante ans qu'elle était commencée.

Il est impossible de s'imaginer au prix de quelles difficultés l'abbé Haffreingue mena à bout cette colossale entreprise.

Le constructeur, nous l'avons dit, n'était qu'un simple prêtre, chef d'institution, sans titre et sans fonction officielle. L'église qu'il élevait n'avait elle-même aucun titre; elle n'était qu'une œuvre particulière et c'est pourquoi le gouvernement de Louis-Philippe lui refusa toute subvention.

M. Haffreingue devait pourvoir à tout, réunir des ressources, établir des plans, en surveiller l'exécution, en même temps qu'il dirigeait un collège où des centaines de jeunes gens recevaient une éducation parfaite.

Mais il avait une foi capable de transporter les montagnes et envers la sainte Vierge une dévotion et une confiance admirables.

C'est pour sa gloire qu'il travaillait, pour la gloire de son divin Fils et le salut des âmes, très spécialement pour la conversion de la protestante Angleterre. « Élevez-vous, s'écriait-il dans son pieux enthousiasme, élevez-vous, temple de Marie, élevez-vous promptement pour l'honneur de notre bonne Mère; élevez-vous comme une auréole de gloire, destinée à recevoir et à placer entre le ciel et la terre l'Image de notre Patronne, la protectrice de la France, la reine du ciel et de la terre! Élevez-vous, pour recevoir dans vos murs des milliers de pèlerins. Fatigués des embarras du siècle, et ballottés par les flots de la tempête, ils viendront se réfugier au pied des autels de leur consolatrice, cherchant un asile dans son temple et des forces dans son sanctuaire! » Et c'est auprès de la Vierge qu'il allait chercher la force, le courage, et les inspirations : « Toujours confiant dans la toute-puissante efficacité de la prière, il allait chaque jour passer de longues heures aux pieds de la statue de sa Patronne dans le sanctuaire que ses mains lui avaient élevé. Tous les soirs, après avoir présidé aux derniers exercices de ses élèves, on le voyait se diriger vers la chapelle de Notre-Dame, où il s'absorbait longtemps en de pieuses méditations, au milieu du solennel silence de la nuit. C'est là qu'il obtenait de la libéralité divine les ressources nécessaires pour le pain quotidien de ses ouvriers;

et c'est là aussi qu'il trouvait, il n'en faut pas douter, la solution des problèmes d'architecture qui se présentaient à chaque pas dans l'exécution d'un plan dont les grandes lignes seulement étaient arrêtées dans son esprit.

« Qui nous dira le secret de ces réflexions solitaires, faites ainsi au pied de l'autel, à la lueur vacillante de la lampe du Saint-Sacrement? Combien d'illuminations soudaines, de consolations fortifiantes, d'heureuses et fécondes résolutions ne sont-elles pas descendues dans son âme, sur cet humble prie-Dieu, où il allait si régulièrement s'agenouiller, pour implorer l'aide et l'appui du Secours des chrétiens! »

C'est la Vierge aussi, la Madone vénérée qui avait choisi son sanctuaire à Boulogne pour y être honorée à perpétuité, qui obtint à son vaillant serviteur les sommes énormes qui lui furent nécessaires. Nul ne sait ce qu'a coûté à l'abbé Haffreingue l'église Notre-Dame. On a parlé de cinq ou six millions de francs et ce chiffre n'a rien d'exagéré.

Ils lui sont venus à mesure de ses besoins. Et lui, ne devançant pas la Providence, conduisait ses travaux à proportion de ses ressources, sans jamais s'endetter. A certaines époques, jusqu'à cent soixante ouvriers extrayaient pour lui les pierres des carrières boulonnaises, pendant qu'un même nombre travaillaient à l'avancement de l'édifice.

Les souscriptions, les dons parfois magnifiques, les quêtes, les offrandes recueillies dans les troncs, même des loteries lui fournissaient des ressources.

La municipalité lui fit remise des droits d'octroi perçus et à percevoir sur les matériaux. Mgr de la Tour d'Auvergne consacra à la construction de l'église la *quête de carême* faite dans la ville de Boulogne en

1840, 1841, 1842. Mgr Parisis, renouvelant ce geste en 1853, abandonna la moitié du produit de cette même quête dans l'arrondissement de Boulogne, et il y ajouta plusieurs fois de larges offrandes personnelles.

Une dame anglaise, Mlle Muller, ouvrit une souscription en Angleterre « en réparation des désastres exercés par les Anglais dans l'ancienne église de Notre-Dame. » Des quêteurs se répandirent dans les principales villes de France; des dons furent sollicités de tous côtés. Plusieurs journaux de Paris, l'*Univers*, *l'Union*, la *Presse*, la *France* firent connaître au loin l'œuvre de M. Haffreingue. Des sermons de charité furent donnés dans plusieurs paroisses de Paris, avec l'approbation de l'archevêque, Mgr Affre, et le concours de tous les curés de la grande ville, surtout de M. Haniele, curé de Saint-Séverin. Francis Nettement se chargea d'une liste de souscription sur laquelle s'inscrivirent les plus illustres écrivains de cette époque. On y trouve les noms de Victor Hugo, de Lamennais, d'Alfred de Vigny, de Michelet, de Berryer, de Chateaubriand et bien d'autres. « Qui sait si les quelques pierres obscures que ces modestes offrandes ont scellées dans les murailles de Notre-Dame ne pèseront pas plus dans la balance de l'éternité que bien des discours et des livres? »

C'est surtout à la générosité de la ville de Boulogne et du Boulonnais que, pendant quarante ans, l'abbé Haffreingue s'adressa et elle ne lui fit jamais défaut. Dons princiers et modestes offrandes ont leur souvenir gardé dans les annales et les archives de Notre-Dame et plus encore au cœur de la Vierge fidèle qui n'oublie rien et sait rendre au centuple ce dont on se prive pour sa gloire.

La dernière souscription fut faite en 1864; elle avait pour objet l'achèvement de l'église dont tant de vœux appelaient l'ouverture définitive.

CHAPITRE III

Restauration du culte de Notre-Dame et des pèlerinages.

Pèlerinages de Boulogne et du Boulonnais.—Pèlerinages de Paris et d'autres régions. — Offrandes.

La construction de cette église à laquelle se dévouait M. Haffreingue avait pour but principal de rétablir la dévotion envers Notre-Dame et de restaurer les pèlerinages qui pendant tant de siècles avaient amené les foules aux pieds de la Madone.

« Il est permis de penser, écrivait-il, qu'une effusion de grâces est réservée à cette œuvre. Mais quand et comment cela se fera-t-il? C'est pour moi un mystère jusqu'à ce jour impénétrable, qui fait souvent l'objet de mes méditations; et souvent, au pied de l'autel de Marie, je demande au Seigneur de ne pas laisser son œuvre imparfaite et sans but, mais d'en faire pour nos contrées, pour toute la France et pour le monde entier une œuvre de miséricorde, où les pèlerins viennent, comme autrefois, se réfugier en foule. Mais, encore une fois, quand et comment cela se fera-t-il? » L'action divine attendait son heure. Dès son ouverture, en 1840, la chapelle de Notre-Dame exerçait sa douce influence. Elle s'était dès lors enrichie de la main droite, « celle de la puissance et de la bénédiction, » de l'antique statue miraculeuse, de cette main sauvée pendant la Révolution par M. Cazin et offerte à M. Haffreingue. De pieux fidèles venaient prier devant cette précieuse relique, devant l'image de Notre-Dame escortée d'anges dans son bateau et dressée au-dessus de l'autel.

Ainsi la dévotion à Notre-Dame de Boulogne renaissait graduellement dans le peuple, lorsque, en 1849, le terrible fléau du choléra s'abattit sur le Boulonnais, comme sur la France entière. Les populations se rappelèrent les signalées faveurs de Notre-Dame et elles accoururent vers sa chapelle pour implorer son secours.

La paroisse de Saint-Nicolas de la basse-ville de Boulogne vint la première, le 16 juin, demander en procession la protection de la Vierge. « Rien n'avait été préparé pour recevoir dans la nouvelle église cette procession inattendue, qui venait renouer les traditions du passé. Une émotion indicible pénétrait tous les cœurs. » Deux jours après, les habitants du Portel, d'Outreau et d'Equihen traversèrent la ville en priant. Ils se rendaient en pèlerinage au nouveau sanctuaire où une messe fut célébrée. « Les travaux de construction étaient alors en pleine activité; les pierres de taille et d'autres matériaux encombraient la nef : les pèlerins trouvèrent à peine un endroit pour prier. C'était un spectacle vraiment attendrissant que celui de voir ces hommes, ces femmes, ces enfants, ces mères de famille, agenouillés sur des pierres éparses, au milieu d'un édifice inachevé qui semblait une vaste ruine. » Le 19 juin, ce furent les paroissiens de la haute-ville qui vinrent processionnellement implorer le secours de leur Patronne séculaire, laissant comme ex-voto un cœur de vermeil.

Le fléau faisait de nombreuses victimes dans la commune de Baincthun. Les médecins étant impuissants, on tourna les yeux vers le ciel et un pèlerinage à Notre-Dame fut résolu. Huit cents personnes environ se rendirent processionnellement au chant du *Miserere* et des litanies de la sainte Vierge au nouveau sanctuaire de la Mère de Dieu. Un homme, qui déjà avait les premières atteintes de la maladie, s'était joint, malgré toutes les remontrances, au pieux cortège. Les prières de ces pèlerins furent entendues de Celle que l'Église appelle le Secours des affligés : le cholérique s'en retourna guéri, et le vénérable curé put constater une amélioration sensible chez tous les malades de sa paroisse. « A partir de ce jour la mortalité cessa à Bainethun. »

Il y eut un temps d'arrêt dans ces manifestations collectives. Mais les pèlerinages individuels continuèrent; pieux missionnaires, voyageurs partant pour des contrées lointaines; naufragés accourant, comme autrefois, nu-pieds, couverts de leurs vêtements humides, pour s'acquitter de leur vœu; pauvres femmes venues de loin en mendiant leur pain, se prosternaient devant la Madone tutélaire.

En 1853, les pèlerinages des paroisses recommencèrent et n'ont jamais cessé depuis. L'attraction qui, pendant tant de siècles, avait amené de si nombreux pèlerins aux pieds de l'Image miraculeuse, s'exerçait de nouveau. Le vœu le plus ardent du vénérable prêtre qui avait voué sa vie au rétablissement du sanctuaire de Notre-Dame de Boulogne était réalisé.

C'étaient, il faut le noter soigneusement, au XIXe siècle, les premiers de ces pèlerinages qui depuis ont parcouru la France entière vers les sanctuaires de Marie.

Pèlerinages des paroisses de la ville dont le cortège montait la colline où règne la Patronne de la cité. Pèlerinages des campagnes, s'avançant au chant des cantiques ou récitant le chapelet, qui se déroulaient « sur le penchant des collines, dans les chemins boisés, sur les crêtes arides des dunes de sable. » La plupart des pèlerins arrivaient à jeun pour communier au sanctuaire de Notre-Dame, à la messe dite par leur curé. Les paroisses voisines de Boulogne vinrent d'abord, puis le mouvement s'étendit jusqu'aux régions de Calais, Montreuil, Hesdin.

De près et jusqu'à quatre et cinq lieues, on venait à pied. De plus loin, en voiture : « Dès l'aube, disait un historien de Notre-Dame, la population est sur pied, toutes les voitures sont mises en réquisition, les grands chariots de ferme, tirés à quatre chevaux, se remplissent de monde, tous les pèlerins sont parés de leurs habits de fête, et tiennent à la main leurs livres d'heures ou leur chapelet. On se met en marche : la croix d'argent hissée, comme un pacifique étendard, sur le premier chariot, s'avance radieuse; et tout ce convoi pittoresque traverse les bourgs et les villages, franchit un espace de plusieurs lieues, par des routes inégales et montueuses. Enfin, aux portes de la ville, on remise les chariots sur la banquette des grandes routes; puis on déploie les bannières; les files de la procession s'organisent; le clergé entonne les litanies de la sainte Vierge, tandis que les fidèles s'unissent aux chants sacrés, ou murmurent les salutations répétées qu'égrenne le rosaire. »

Ces spectacles ravissaient d'admiration le grand évêque d'Arras, Mgr Parisis, qui, dans un mandement spécial, exaltait la piété des pèlerins. Lui-même, à la tête des paroisses de sa ville épiscopale, des représentants du chapitre et du clergé, vint en pèlerinage en 1858.

Le culte de Notre-Dame de Boulogne rayonnait déjà au delà du diocèse. Paris se souvenait de son antique dévotion, et, en 1846, envoyait de précieuses couronnes à la Madone.

Dix ans plus tard, M. Hanicle, curé de Saint-Séverin, très dévoué à la Vierge boulonnaise, organisa, d'accord avec M. le curé de Notre-Dame de Boulogne-sur-Seine, un pèlerinage de six cents personnes. Il vint par le chemin de fer et par train spécial.

C'était le premier de tous les trains de pèlerinage et c'est le grand honneur du sanctuaire de Notre-Dame de Boulogne d'avoir inauguré ces trains qui depuis ont sillonné la France entière et conduit les multitudes aux pieds de Marie. La date, du 26 août 1856, doit en être conservée.

Ce pèlerinage fut reçu avec enthousiasme. La ville entière était accourue au-devant des Parisiens. Un char, richement orné, portait une cloche offerte par la paroisse Saint-Séverin à la nouvelle église. Les orateurs rappelèrent les souvenirs d'un glorieux passé et l'étroite union, dans la dévotion à Notre-Dame, des églises de Boulogne-sur-Mer et de Boulogne-sur-Seine. Elle est commémorée dans l'inscription d'un cœur de vermeil. Un autre cœur, offert par Saint-Séverin, porte gravée une locomotive et reste comme le mémorial de ce premier de tous les trains de pèlerinage.

Ces manifestations si émouvantes et si chrétiennes, que Mgr Parisis exalta dans un magnifique langage, furent renouvelées plusieurs fois avant la guerre de 1870. Outre Saint-Séverin, au moins douze paroisses de Paris y firent représentées.

Les régions d'Amiens et d'Abbeville ne pouvaient oublier la dévotion séculaire à Notre-Dame de Boulogne. Dès 1855, les pèlerins en vinrent nombreux, parfois en foule de plusieurs milliers, et ils n'ont pas cessé d'y être fidèles.

Puis c'était Chartres, la cité de Marie, des pèlerinages anglais et belges, de Gand, de Bruges, de Namur.

L'enthousiasme et la piété du Moyen Age semblaient renaître aux pieds de Notre-Dame.

Les pèlerins isolés la saluaient aussi. Les annales

du sanctuaire conservent de longues listes de cardinaux, d'archevêques et d'évêques qui sont venus l'invoquer. Le plus illustre est celui qui devait devenir le pape Léon XIII. « Je connais Boulogne, disait-il en 1889 à des prêtres boulonnais. Vous avez à Boulogne un prélat qui a bâti une belle église à la sainte Vierge. » Tout indique que Mgr Pecci passa à Boulogne en quittant la nonciature de Belgique en 1846.

Napoléon III vint à Notre-Dame, avec l'impératrice Eugénie, en 1853. Il exprima lui-même le désir de voir M. Haffreingue, visita l'église en construction, s'agenouilla avec l'impératrice devant la Madone et s'enquit de l'ancienne Image de Notre-Dame, à laquelle les rois de France faisaient leurs hommages. Imitant leur générosité, il remit à l'abbé Haffreingue dix mille francs pour son église et la croix de la Légion d'honneur.

Comme l'empereur et comme les pèlerins d'autrefois, ceux qui venaient honorer et implorer Notre-Dame en pèlerinages collectifs ou individuels lui faisait leurs présents : souscriptions pour l'église, précieux vases sacrés, tout un carillon de cloches, croix et chandeliers d'autel, riches joyaux, ornements sacerdotaux, dont une belle chasuble offerte par le cardinal Morlot, archevêque de Paris, ex-voto magnifiques ou modestes. L'antique trésor de Notre-Dame se reconstituait.

Les dons les plus remarquables furent le riche et gracieux autel de la chapelle de Notre-Dame dû à la générosité de Miss Loughnan, et surtout le splendide maître-autel, offrande royale du prince Torlonia.

Le commandeur Charles Torlonia, le grand bienfaiteur des pauvres de Rome, ayant entendu parler par un boulonnais, Monsignor Lefèvre, de l'œuvre de M. Haffreingue et de la généreuse libéralité avec laquelle les fidèles s'efforçaient de concourir à la reconstruction du sanctuaire de Notre-Dame de Boulogne, voulut participer à cette œuvre sainte et décida de donner le maître-autel. « Pour un si magnifique monument, disait-il, il faut que la plus belle offrande vienne de Rome. » Il fit dresser un plan, mais la mort l'empêcha de mettre son projet à exécution. Toutefois le prince Alexandre Torlonia se fit un pieux devoir, en exécution des dernières volontés de son frère, de réaliser l'œuvre à peine entreprise. Les événements politiques qui bouleversèrent alors l'Italie ne lui permirent pas de travailler tout de suite à ce chef-d'œuvre, et il dut attendre quelques années.

La composition de l'autel a d'ailleurs demandé plus de dix ans de travail et, dit-on, la dépense d'un demi-million de francs. « Par sa beauté, disait déjà en 1856 l'*Album* du chevalier G. de Angelis, par sa richesse et sa parfaite exécution, il sera un travail digne de la réputation des artistes romains, digne de son religieux et noble donateur, digne enfin de figurer avec honneur dans le temple fameux auquel il est destiné et dont il formera le principal ornement. »

A Rome, où il fut exposé, il excita l'admiration et presque les regrets de Pie IX, si bienveillant cependant pour l'œuvre de Mgr Haffreingue. Il arriva à Boulogne le 29 juillet 1866, juste à temps pour être consacré avec l'église, et fut accueilli avec enthousiasme. Traîné dans neuf camions attelés de trente chevaux et ornés de verdure, de fleurs et d'oriflammes, il fut transporté à Notre-Dame au milieu d'une foule immense et reçu au son des cloches. Jamais sans doute plus beau présent n'a été fait à la Madone boulonnaise.

CHAPITRE IV

Les fêtes de Notre-Dame.

La station de Notre-Dame et la grande procession. — La statue de l'Immaculée Conception. — Prélature de Mgr Haffreingue. — Consécration et donation de l'église.

Il ne suffisait pas à M. Haffreingue d'amener à Notre-Dame de nombreux et pieux pèlerins. Du sanctuaire qu'il élevait, et bien avant son achèvement, il voulait faire un centre de démonstrations religieuses, capables de raviver la foi et d'augmenter la vie chrétienne dans la ville et la région, d'exercer une puissante influence sur la conversion de l'Angleterre.

C'est dans ce but que, dès 1848, il établit la *station de Notre-Dame*, du 15 au 30 août, et que dans la chaire improvisée de l'église en construction, il appela des orateurs toujours très distingués et parfois illustres. Parmi eux, l'abbé Ratisbonne, l'abbé Duquesnay, qui devint archevêque de Cambrai; les Pères jésuites Lefebvre, trois fois le Père Lavigne, deux fois le Père Félix; les Pères dominicains Monsabré et Ollivier. Un nombreux auditoire accourait pour les entendre, un grand bien se faisait dans les âmes, la dévotion à Marie ne se contentait pas de pieuses et gracieuses manifestations, mais prenait dans les convictions des racines solides.

Aux prédications s'ajoutaient des fêtes solennelles, des offices pontificaux et, à partir de 1854, cette grande procession de Notre-Dame de Boulogne, célèbre dans tout le nord de la France, la Belgique et l'Angleterre, par la splendeur, le pittoresque et la piété de ses groupes. Elle n'a pas cessé d'attirer à Boulogne une affluence qui a souvent atteint et dépassé le nombre de cent mille personnes. Rien n'est plus capable de rendre compte de l'impression produite par ces solennités incomparables que les articles consacrés par la presse anglaise aux fêtes de 1866, pour ne citer qu'un exemple.

Le *Times*, le *Morning Star*, le *Standard*, le *Daily Telegraph*, le *Paris Times*, le *Weckly Register*, le *Morning Post* en ont parlé à plusieurs reprises en des récits qui remplissaient des colonnes. Ils l'ont fait dans les termes les plus respectueux, les plus sympathiques même, décrivant, sans en bien comprendre le sens, la pompe des cérémonies religieuses. Un ami de Mgr Haffreingue, encore attaché à la religion protestante, réunit ensuite dans un banquet, à Londres, les auteurs des articles et les remercia. Il leur parla des grandeurs de la sainte Vierge et de la tendre obéissance que professe pour elle son divin Fils. Il leur montra la statue de cette Reine des cieux, assise sur le dôme de Boulogne, afin de jeter de là sur l'Angleterre un regard de complaisance et de douceur. L'assemblée répondit en saluant l'orateur d'un triple hourrah enthousiaste.

Il ne faut donc pas s'étonner de l'impression profonde produite sur les protestants par le spectacle des splendides manifestations boulonnaises, ni des grâces obtenues pour eux par la Vierge clémente. On a même remarqué la coïncidence frappante entre les fêtes célébrées à Boulogne, dans la première partie du XIXe siècle, et des événements heureux pour les catholiques anglais.

Aucune de ces fêtes ne fut plus belle que la bénédiction de la statue qui surmonte le dôme, le 30 août 1857.

M. Haffreingue était vraiment un initiateur. Le premier en France, il rétablit les pèlerinages. Il devança son siècle dans les dévotions qui devaient le caractériser : la dévotion au Sacré-Cœur, la pratique de la communion fréquente, le dévouement et la soumission les plus absolus au souverain pontife. Il avait surtout, dès 1815, un culte spécial pour l'Immaculée Conception. Il lui consacra son collège le 25 décembre 1829, vingt-cinq ans avant la définition du dogme qu'il accueillit par des transports d'allégresse; il voulut aussi lui consacrer son église. Du dôme magnifique qui s'élevait « à trois cents pieds au-dessus du sol et à six cents pieds au-dessus de l'océan, » il voulut faire le piédestal d'une statue colossale de l'Immaculée, très belle œuvre de Bonassieu.

Mgr Parisis en annonça l'inauguration par une lettre pastorale à tout son diocèse. La ville s'y prépara avec amour. « Que dire, s'écria ensuite dans une autre pastorale l'illustre évêque d'Arras, des décorations de la ville entière transformée en un vaste temple ? Pas une maison qui ne soit parée, et presque toutes aux couleurs de Marie; et dans cette uniformité respectueuse, quelle variété! quelle émulation! quelle richesse! mais surtout quelle joie sainte sur tous les fronts! O Reine du Ciel, comme vous régniez alors uniquement et complètement sur nous tous, pauvres exilés; et comme nous avons compris qu'ils sont pleinement heureux, ceux sur qui vous régnez sans partage! Aussi, comme tous vous ont acclamée alors! Avec quelle unanimité sympathique, avec quel accord de voix ils sont montés vers votre trône, ces cris d'allégresse et d'amour : Vive Marie! Vive Notre-Dame de Boulogne! »

La procession, présidée par le cardinal Villecourt, fut splendide. Cinq cents prêtres, dont cinq curés de Paris et des dignitaires venus de toutes parts, précédaient douze évêques de France, d'Angleterre, d'Irlande et de Belgique. Mgr Dufêtre, évêque de Nevers, du haut d'une estrade élevée sur l'esplanade, célébra la glorieuse histoire de Notre-Dame de Boulogne, le privilège de la cité consacrée à Marie, le dévouement de « l'homme suscité de Dieu, du nouveau Zorobabel qui sans autres ressources que sa foi et sa confiance en Marie » relevait son sanctuaire. La foule enthousiaste lui répondit par les cris répétés de : « Vive Notre-Dame de Boulogne ! »

De son côté, la municipalité boulonnaise, suivant l'exemple des mayeur et échevins du Moyen Age, offrit, dans la grande salle de l'Hôtel de Ville, un banquet au cardinal, aux évêques et aux dignitaires venus pour célébrer la Patronne spéciale de la cité.

De son labeur l'abbé Haffreingu n'attendait de récompense qu'au ciel. Il avait, assurent des personnes dignes de foi, refusé l'évêché de Boulogne, qui aurait été rétabli s'il avait accepté.

Pie IX le connaissait bien. Comme Grégoire XVI, il avait plusieurs fois encouragé et béni ses efforts. Par un bref du 11 février 1859, le souverain pontife nomma M. Haffreingue protonotaire apostolique, *ad instar participantium*, et lui conféra ainsi l'usage des insignes pontificaux. A cette dignité fut ajoutée celle de référendaire de la signature de grâce et de justice.

Ce fut, à Boulogne, une allégresse universelle. Mgr Parisis, pour montrer son affectueuse vénération pour le nouveau prélat, voulut donner à son investiture une grande solennité. Elle se fit le 25 mars, en présence de tout le clergé et des autorités de la ville, dans l'église inachevée de Notre-Dame, où, le dimanche suivant, Mgr Haffreingue célébra la messe pontificale.

L'année suivante, Rome montra combien elle appréciait l'œuvre du nouveau prélat. Pour la solennité des saints apôtres Pierre et Paul, le soir du 29 juin, une pièce d'artifice gigantesque fut tirée au Pincio. Elle dessinait en lignes de feu la nouvelle cathédrale de Boulogne, surmontée de la Vierge escortée de deux anges dans sa barque. Rome entière applaudit à ce spectacle. Le canon pontifical salua l'église insigne à laquelle était rendu ce bel hommage et la musique des régiments français fit entendre l'air national.

Dans la dignité qui lui avait été conférée, Mgr Haffreingue vit surtout un encouragement à se hâter d'achever l'église de Marie. Son âge déjà avancé, il avait soixante-quatorze ans, n'arrêtait pas ses efforts.

Il eut enfin la joie d'achever sa grande entreprise. Le 24 août 1866, le nouvel évêque d'Arras, Mgr Lequette, en présence de plusieurs évêques, dont l'évêque irlandais de Kerry, ancien élève de Mgr Haffreingue, consacra solennellement la nouvelle église.

Le cœur du dévoué restaurateur tressaillait de bonheur. Pour terminer son œuvre, il n'avait plus qu'à y installer la paroisse de la haute-ville, dont le clergé aurait, après lui, le soin de promouvoir le culte de Notre-Dame et ses pèlerinages.

Il s'empressa de faire à la ville de Boulogne une offre de cession. Le conseil municipal l'accepta, en déclarant que « Mgr Haffreingue a bien mérité de la ville de Boulogne. » L'acte ayant reçu la sanction du gouvernement impérial, Mgr Lequette transféra, le 3 mai 1868, dans l'église Notre-Dame la paroisse de

Saint-Joseph, qui reprit son titre antique de « Notre-Dame et Saint-Joseph. » Le curé, M. l'abbé Jonas, était le petit-neveu du dernier curé de la paroisse de la cathédrale avant la Révolution.

CHAPITRE V

Les faveurs de Notre-Dame. — Mort de Mgr Haffreingue.

A tant d'hommages et de solennités célébrées pour la glorifier, Notre-Dame ne pouvait que répondre en renouvelant ses antiques bienfaits.

Le pèlerinage de Paris, en 1856, amené par le premier des trains de pèlerinage, fut l'objet d'une faveur insigne. Une jeune fille de Montmorency, âgée de quatorze ans, par suite d'une fièvre typhoïde compliquée d'une autre maladie, était couchée depuis trois mois, pliée en deux par la violence du mal, ne pouvant se redresser ni étendre la jambe droite. Les médecins l'avaient abandonnée et on lui avait administré les derniers sacrements.

On n'attendait plus que sa mort, lorsqu'on annonça le pèlerinage des Parisiens à Notre-Dame de Boulogne. Le père de l'enfant voulut y prendre part, avec plusieurs membres de sa famille, pour obtenir la guérison de sa fille. A peine le pèlerinage touchait-il aux confins du Boulonnais, qu'une révolution s'opéra dans le corps de la malade. Un craquement se fit entendre, une poche ulcéreuse se déchira et la jeune fille s'écria : « Je suis guérie! » Aussitôt elle se leva et se mit à marcher parfaitement droite. Son état continua de s'améliorer. Les médecins trouvèrent merveilleuse cette guérison, attribuée à juste titre à Notre-Dame de Boulogne.

En 1866, la consécration de la nouvelle église fut aussi marquée par un bienfait de Marie.

La baronne Armand de Chabannes, âgée de cinquante-trois ans, habitant le château de Roussainville, au diocèse de Chartres, était tombée depuis plusieurs années dans un état de langueur et de dépérissement. Le mal fit de rapides progrès et finit par prendre d'effrayantes proportions. Les remèdes ne faisaient que l'aggraver. La malade en vint au point de ne presque plus pouvoir prendre de nourriture et de n'être capable que de faire quelques pas. Ses jours étaient en danger.

Entendant parler du pèlerinage de Notre-Dame de Boulogne, la fille de Mme de Chabannes voulut le faire. Mais elle ne dévoila pas son intention de demander la guérison de sa mère. Elle savait que la malade, s'abandonnant à la volonté de Dieu, voulait que cette sainte volonté s'accomplît absolument en elle.

Cependant, alors que sa fille priait ardemment Notre-Dame, Mme de Chabannes eut le pressentiment de la faveur que Dieu lui préparait et ressentit l'inspiration de s'unir à ce qu'on demandait pour elle. Le samedi 25 août, lendemain de la consécration de l'église, à dix heures trois quarts du matin, Mlle de Chabannes, prosternée devant l'image de Notre-Dame, dans son sanctuaire de Boulogne, la conjurait de guérir sa mère bien-aimée. Au même moment, la baronne était en prière dans son oratoire privé, où l'on conservait le Saint-Sacrement. Instantanément, sans aucune secousse ni morale, ni physique, elle se trouva guérie.

Le mal avait complètement disparu. Le mari, les

enfants, les domestiques étaient stupéfaits de voir la malade marcher et manger d'une manière normale. Il fallut bien reconnaître que cette guérison complète et persévérante était due à la puissante intercession de Notre-Dame de Boulogne.

Mme de Chabannes vint présenter elle-même l'ex-voto de sa gratitude. Les archives de la basilique conservent précieusement le récit de cette éclatante faveur, signé du baron et de la baronne de Chabannes et de leurs trois enfants, certifié exact et approuvé par Mgr l'évêque de Chartres.

Au premier anniversaire de la consécration de son église, samedi 24 août 1867, Notre-Dame de Boulogne manifesta de nouveau sa puissance et sa bonté.

A cette date, les Petites Sœurs des Pauvres et leurs pensionnaires faisaient leur pèlerinage. Deux jours auparavant, une religieuse malade était arrivée de Londres. Elle était atteinte de paralysie complète des membres inférieurs et de tout le côté gauche, et incapable de se mouvoir; il fallait la porter à bras partout où on voulait la mener. Les médecins jugeaient qu'elle ne pouvait guérir et on l'avait envoyée sur le continent pour la faire soigner.

La malade voulut se joindre au pèlerinage et manifesta une grande confiance. « On m'y portera, dit-elle, comme on pourra, mais je reviendrai sur mes pieds. » De bonne heure, la procession des vieillards de l'asile s'achemina lentement vers la cathédrale, en chantant d'une voix mal assurée les louanges de la sainte Vierge. Dans le cortège, roulait la petite voiture à âne de la maison, et dans la voiture la malade priait avec ferveur.

A l'église, elle entendit la messe, communia et baisa dévotement la main de la statue miraculeuse, que lui présenta un jeune professeur du collège de

Mgr Haffreingue, M. l'abbé Meunier, qui devint évêque d'Évreux. Puis elle voulut demeurer en prières auprès de cette relique: « Je vais rester là, dit-elle, jusqu'à ce que la sainte Vierge me fasse la grâce de m'en aller. »

Le défilé des vieillards était près de se terminer, quand tout à coup elle sentit un afflux vital, et, comme elle dit, un relâchement se fit dans ses membres et dans son côté. Elle se leva, marcha et revint à pied jusqu'au couvent, librement et sans faiblesse, ce qui lui était impossible depuis onze mois. Le mal avait complètement disparu et ne revint jamais.

La *Semaine religieuse* d'Arras publia, avec l'assentiment de l'autorité épiscopale, le récit de cette guérison.

L'année suivante, le même bulletin, raconta celle d'une jeune orpheline des hôpitaux de Paris, âgée de seize ans, en service à Boulogne. Cette enfant souffrait depuis quatre mois d'une paralysie nerveuse, qui la privait de l'usage de ses membres. Le 20 août, on la porta en voiture jusqu'à l'église Notre-Dame. Elle entendit la messe et communia. Quand l'infirmière qui l'assistait voulut la faire lever de sa chaise, tout d'un coup, sans secousse, sans révolution intérieure, sans exaltation d'aucune sorte, elle se sentit guérie, et marcha. Elle revint à pied de l'église, et le mal ne reparut point. « J'avais beaucoup prié Notre-Dame, disait-elle, et j'avais la confiance que je serais guérie. »

Bien d'autres faveurs, moins éclatantes sans doute, ont été accordées par Notre-Dame de Boulogne. Les nombreux ex-voto, datant de cette époque, redisent éloquemment les grâces obtenues par son intercession.

Parmi elles, il faut compter de nombreuses conversions, spécialement de protestants, commencées ou achevées dans le béni sanctuaire, et dont la sincérité a réjoui la sainte Vierge.

Nul n'en était plus heureux que Mgr Haffreingue. La restauration de l'église, du culte et des pèlerinages de Notre-Dame de Boulogne n'avaient-ils pas été le travail de sa vie tout entière ?

En pleine possession de ses facultés, il avait atteint l'âge de quatre-vingt-six ans. Ses derniers jours furent attristés par la guerre de 1870. Il avait cependant annoncé que l'ennemi n'arriverait pas jusqu'à Boulogne. Le 18 avril 1871, il s'endormait paisiblement dans le Seigneur.

Boulogne reconnaissant rendit à la mémoire du vénérable prélat des honneurs sans précédent. Mgr Lequette vint présider ses funérailles. La ville entière était en deuil.

Rome s'associa à cette tristesse et à ces prières. Un service funèbre fut chanté dans l'église *Santa Chiara* du Séminaire français, où officia Mgr Marinelli, sacriste de Sa Sainteté.

Le corps de Mgr Benoît-Agathon Haffreingue fut déposé dans la crypte de son église, sous la chapelle de Notre-Dame. Dans la rotonde du dôme, se dresse un magnifique monument qui perpétuera la reconnaissance et l'affection universelles.

CHAPITRE VI

L'œuvre des successeurs de Mgr Haffreingue.

Le couronnement de Notre-Dame. — L'archiconfrérie de Notre-Dame de la Mer. — Les pèlerinages. — Les faveurs de Notre-Dame.

En remettant à la paroisse de la Haute-Ville l'église qu'il avait construite, Mgr Haffreingue confiait au clergé paroissial le soin de continuer son œuvre.

Le majestueux édifice était achevé, mais il était presque dépourvu de mobilier, ou, tout au moins, ce mobilier n'avait qu'un caractère provisoire.

Admirablement secondé par le conseil de fabrique et par la générosité des fidèles, M. l'abbé Jonas, en quelques années, transforma l'église. Les autels de saint Joseph, de saint Benoît Labre et du Sacré-Cœur furent érigés avec magnificence. La chapelle de Notre-Dame fut richement décorée.

M. l'abbé Wallet avait été un des plus zélés collaborateurs de Mgr Haffreingue pour le rétablissement des pèlerinages. Par l'intermédiaire de Mgr Lequette, il sollicita les faveurs du Saint-Siège pour le sanctuaire de Notre-Dame de Boulogne. Déjà Pie IX l'avait affilié à l'église de Notre-Dame de Lorette et enrichi de précieuses indulgences. Par lettres apostoliques du 14 avril 1879, « en considération de la sainteté du lieu et de la piété des fidèles qui viennent y prier, » Léon XIII éleva l'église Notre-Dame à la dignité de basilique « avec tous les privilèges et toutes les prérogatives y attachés. »

Pour leur Madone, les Boulonnais désiraient à juste titre le suprême honneur du couronnement au nom du souverain pontife. N'était-elle pas une des plus illustres de la France et de la chrétienté ?

En 1884, le nonce apostolique en France, Mgr di Rende, étant venu faire son pèlerinage à Notre-Dame et présider la grande procession, voulut bien présenter la requête au Siège apostolique.

Elle fut agréée. Par bref du 25 février 1885, Léon XIII daigna autoriser l'évêque d'Arras, Mgr Dennel, à rendre cet hommage à la Vierge de Boulogne.

Aussitôt les dons arrivèrent en abondance. L'or, les bijoux, les pierreries affluèrent : grenats et topazes, émeraudes et saphirs, rubis et améthystes, perles fines et diamants. Les matelottes de Boulogne et du Portel se dépouillèrent de leurs pendants d'oreilles et de leurs camées. Les écrins se vidèrent où l'on conservait précieusement des souvenirs de famille et de chères disparues.

Pour composer le diadème d'honneur offert à la suzeraine du Boulonnais, on choisit comme modèle la couronne que, d'après la tradition, Godefroy de Bouillon, cet illustre enfant de Boulogne, avait envoyée à Notre-Dame. Cette couronne est formée, comme celle de l'Enfant Jésus, d'un bandeau d'or surmonté de huit *chasteaux* ou tours, où se trouvent des reliques de Terre sainte. Ainsi la Vierge de Boulogne porte au front la couronne de Jérusalem.

L'année 1885 ramenait le centenaire de la naissance de Mgr Haffreingue. Elle fut témoin d'une des plus grandes solennités de Notre-Dame.

Le 23 août, le nonce apostolique, Mgr di Rende, entouré de douze archevêques et évêques, couronna la statue au nom du pape, à la place même où la Révolution avait livré aux flammes l'antique Image miraculeuse. A sa Reine, ce jour-là, Boulogne fit un cortège triomphal. L'immense procession se déroula à travers les places et les rues, dont la décoration était splendide. La ville entière, pavoisée pour la Vierge, était transformée en une vaste église, aux nefs interminables, sous les nombreux arceaux de verdure et de fleurs qui en étaient les voûtes aériennes. Avec ses tentures de filets et ses arcs de triomphe formés des instruments de son travail, la marine se distingua pour honorer l'Étoile de la mer.

Ainsi s'accroissait constamment le trésor spirituel du sanctuaire de Notre-Dame de Boulogne.

Il lui manquait de voir se rétablir l'antique confrérie disparue pendant la Révolution française.

Des origines de cette association, l'histoire ne sait rien. Les dévastations successives des Anglais et des huguenots nous ont privés des documents qui la concernent. Avant le siège de la ville par les Anglais, la trésorerie conservait précieusement « deux layettes qui n'étaient remplies que de lettres d'indulgences et de pardons, accordés par divers papes, légats, archevêques et évêques. » Tout disparut quand la ville fut prise.

Nous connaissons cependant plusieurs confréries qui lui furent affiliées. Au XIIIe siècle, celle qui fut établie dans la chapelle de Notre-Dame de Boulogne à Crémarest. Les fondateurs de l'église de Notre-Dame de Boulogne-sur-Seine, au XIVe siècle, appartenaient tous à la grande confrérie de Notre-Dame de Boulogne sur la Mer. Dans ce sanctuaire, nous avons dit qu'une confrérie fut érigée qui se considéra toujours comme une fille de notre église. Abbeville en possédait une autre, dans l'hôpital des pèlerins de Notre-Dame de Boulogne, qui fut transférée plus tard dans l'église Saint-Jacques.

Aussi n'est-il pas surprenant que le rétablissement modeste du culte de Notre-Dame dans l'église Saint-Joseph de la Haute-Ville, après la Révolution, ait été accompagné de l'érection d'une association en son honneur, dont l'évêque d'Arras, Mgr de la Tour d'Auvergne, s'inscrivit comme premier membre.

Sa durée fut éphémère, et plusieurs autres tentatives n'eurent point de résultat pratique.

Ce n'est pas seulement une confrérie, mais une archiconfrérie, qui était nécessaire. Un fait important le montra.

Le curé de Saint-Lambert, paroisse maritime d'Anvers, ayant obtenu l'érection dans son église d'une confrérie de Notre-Dame de Boulogne, Étoile de la mer, demanda, en 1888, s'il était possible de l'affilier à une confrérie boulonnaise. Il fallut répondre par la négative. Mais M. l'abbé Tellier, récemment nommé curé de Notre-Dame, mit tout en œuvre pour faire cesser cette situation. Très dévoué au culte de Notre-Dame de Boulogne, Mgr Williez, évêque d'Arras, favorisa ses efforts. Il établit la confrérie désirée et obtint de Léon XIII deux brefs, des 2 octobre 1893 et 19 janvier 1894, érigeant cette confrérie en archiconfrérie et l'autorisant à s'affilier des confréries de même objet.

Plusieurs confréries de marins, sous le patronage de Notre-Dame de Boulogne, s'établirent ainsi au Portel, à Saint-Pierre de Boulogne, au Courgain de Calais, à Equihen, à Audresselles et à Douarnenez (Finistère).

C'était trop peu pour les zélés curés de Notre-Dame d'augmenter la splendeur locale du culte de la Madone. Ils voulaient surtout maintenir le mouvement des pèlerinages.

Les difficultés et les obstacles ne leur manquèrent pas. La guerre de 1870 et les événements qui la suivirent diminuèrent l'admirable élan qui entraînait les populations vers la colline bénie de Boulogne. Les pèlerinages venus de loin, sans cesser entièrement, se firent moins fréquents.

Mais les paroisses de la contrée et des régions voisines continuèrent de déployer leurs pieux cortèges dans les rues de la cité et vinrent en foule plus fidèles et plus nombreuses que jamais se mettre sous la protection de l'auguste Patronne du Boulonnais. La station du mois d'août conserva son touchant et édifiant caractère.

Alors, ou à d'autres époques de l'année, les pèlerins vinrent encore, parfois en groupes considérables et par trains entiers, de Paris et des environs, des Flandres, d'Artois, d'Angleterre. La Picardie fut particulièrement fidèle.

Chaque année la vit revenir et amener parfois des milliers de pèlerins.

Notre-Dame la récompensa de ses meilleures bénédictions. En 1890, la *Semaine religieuse* d'Arras raconta le fait suivant :

« Depuis plusieurs mois, une jeune fille de Nempont-Saint-Martin (diocèse d'Amiens), était, à la suite d'une grave maladie, presque entièrement paralysée des deux jambes, et c'est à peine si elle pouvait se traîner sur des béquilles.

« Bonne, pieuse, elle était aimée de tous : aussi, quand, désespérant de l'art des médecins, elle voulut recourir plus haut que les hommes, la paroisse entière joignit ses prières aux siennes, promit un pèlerinage à Notre-Dame de Boulogne, et s'y prépara par une neuvaine commune.

« Au jour dit, trente-cinq pèlerins vinrent de Nempont, sous la conduite de leur excellent curé, accompagnant la pauvre infirme.

« Hélas ! les pauvres gens eurent beau prier, supplier, la journée se passa sans résultat... Mais voilà que le soir, près de franchir, pour le départ, le seuil de Notre-Dame, l'infirme voulut se retourner pour dire à sa Mère du ciel un dernier *Ave Maria* d'adieu et de résignation.

« C'était l'heure de la grâce : Dieu et Marie l'attendaient là. Comme elle le racontait elle-même dans son naïf langage, tout d'un coup elle sent ses jambes se dénouer, elle jette ses béquilles, elle marche seule, sans appui, devant son curé et tous ses compatriotes incapables de maîtriser leur émotion et leur reconnaissance envers la toute bonne et toute-puissante Notre-Dame de Boulogne. »

Cette jeune personne, complètement guérie, est revenue plusieurs fois en pèlerinage à Boulogne.

Entre tous, comme par le passé, les marins des côtes boulonnaises furent fidèles à Notre-Dame et reçurent ses maternelles faveurs. Les faits qui témoignent de sa protection restent nombreux. Beaucoup n'ont pas été publiés. Les annales du sanctuaire en conservent quelques-uns particulièrement remarquables.

En 1896, un vieux loup de mer du Portel, âgé de quatre-vingts ans, racontait comment, le 28 février 1839, vingt-huit bateaux quittèrent, par un temps magnifique, la petite anse du bourg.

« Mais à dix heures du soir, soudain la tempête se déchaîne furieuse. Adieu les voiles! Elles se déchirent emportées par l'ouragan. Le mât est brisé. Les pauvres barques sont désemparées! Il nous reste la voile du foc! Il fallait nous voir. Que nous étions dévots! Nos regards se portent vers Notre-Dame de Boulogne. Nos cœurs et nos voix crient ensemble : « Notre-Dame de « Boulogne, sauvez-nous! »

« Courage, enfants, disait le patron de la barque, « confiance à Notre-Dame de Boulogne! On prie pour « nous, prions aussi. »

« Et de fait, cette nuit-là, nuit affreuse dont j'ai gardé le souvenir, la bonne Dame de Boulogne nous a conduits au port, nous a fait échouer heureusement. Demandez-moi comment ? Je n'en sais rien. Nous devions tous y rester. Douze bateaux d'abord purent aborder sur les rochers, sans qu'aucun de nous ait péri. Et le lendemain, par un gros temps, car la tempête dura dix-huit heures, les autres bateaux rentraient sains et saufs. Pour moi, c'est un miracle. Libre à ceux qui ne croient plus au miracle de le nier. Je leur dirai : Faites-vous matelot, embarquez-vous sur nos petits bateaux, subissez une tempête semblable à celle-là. Invoquez l'Étoile de la Mer, Notre-Dame de Boulogne, et si vous revenez au port, vous chanterez comme nous notre Protectrice! »

Le 7 juin 1898, au soir d'une belle journée, la vaillante population maritime du Portel avait été tout à coup livrée à une indicible angoisse. On avait trouvé en mer les débris d'un bateau brisé et des filets qui portaient la marque distinctive du patron Jumel. Tout l'équipage, composé de dix-huit hommes, semblait perdu. Parti depuis trois jours du port de Boulogne, le patron Jumel n'avait donné aucun signe de vie, tandis que les autres bateaux faisant la même pêche du maquereau rentraient chaque jour. Les femmes ferment déjà en signe de deuil les volets de leurs maisons et pleurent la mort de leurs maris et de leurs enfants. Enfin le vendredi 10 juin un télégramme arrive d'Écosse : « Tous sauvés, bonne santé, merci à la sainte Vierge! »

Que s'était-il passé ?

« Au milieu de la brume épaisse qui couvrait la mer d'un blanc linceul, raconte le curé du Portel, nos braves matelots avaient entendu au loin les coups de sifflet, sans cesse répétés, d'un fort navire qui s'avançait à toute vapeur vers leur frêle esquif. En vain agitaient-ils eux-mêmes la cloche d'alarme. Impossible d'éviter le choc formidable. Le navire enfonce son étrave dans le flanc du bateau pêcheur qui se trouve coupé en deux. Les matelots poussent des cris de détresse : « Pitié, mon Dieu! Au secours, Vierge Marie, Notre-Dame de Boulogne! »

« Par un effet de la protection de Notre-Dame l'avant du bateau s'embarrasse dans l'ancre du navire et se soutient quelques instants au-dessus des eaux. Le patron ne perd pas un instant, s'empare du canot qui flotte, et fait embarquer son équipage, pendant qu'un matelot du navire jette une échelle de corde. Les hommes, les mousses montent au plus vite, et quand tout l'équipage est recueilli, il faut prendre la hache et couper les cordages dans lesquels s'est embarrassée l'ancre, et le pauvre bateau disparaît à l'instant dans les profondeurs de la mer. »

Les matelots portelois furent conduits en Écosse au port de Blayck, et de là ils furent rapatriés par un navire qui allait à Dunkerque. Le lundi 13 juin, ils arrivaient à la gare des Tintelleries. « Avant tout, dit le patron, allons au sanctuaire de Notre-Dame de Boulogne! » Et les voilà gravissant la sainte montagne et remerciant de tout leur cœur la Vierge protectrice des marins.

Voici maintenant le récit d'une double faveur obtenue par le commandant du navire-hôpital le *Notre-Dame-de-la-Mer*, placé sous le patronage de Notre-Dame de Boulogne, dont l'image dominait l'autel de la chapelle.

« Le 1er juin 1911, je me trouvais avec mon navire dans les environs d'Aberdeen, mais enveloppé depuis le matin d'une brume tellement compacte qu'il m'était matériellement impossible de déterminer ma position sur la carte, impossible, par suite, soit de continuer ma route dans de bonnes conditions, soit de donner celle à suivre pour entrer au port. Je savais, par ailleurs, que des écueils ne devaient pas être loin et j'avais des raisons de craindre que le courant n'y portât le *Notre-Dame-de-la-Mer*.

« J'invoquai son image avec foi, la suppliant de m'inspirer la route à suivre. Ma prière était à peine terminée, que je me sentis comme commandé de faire prendre à mon navire, *immédiatement*, une route en contradiction complète avec mes prévisions.

J'obéis. Quelques minutes plus tard, le brouillard se levait discrètement et me permettait de me rendre compte que si je n'avais pas obéi à l'inspiration reçue, mon navire se serait trouvé sur des brisants et très certainement perdu. De plus, au même moment, je me vis en parfaite direction pour entrer dans un port que je ne connaissais point.

« Un peu plus d'un mois après, le 27 juillet, sur les côtes Est d'Islande, mais sur cette partie où la côte est hérissée d'écueils et de roches sous-marines, mon navire était depuis vingt-quatre heures battu par une affreuse tempête de neige. La mer était démontée et mon horizon ne dépassait pas l'avant de mon bateau. Là encore, aucun moyen matériel de déterminer ma position, et, cependant, il y avait urgence à chercher un refuge dans un fiord, car la mer nous faisait beaucoup souffrir. De nouveau j'invoquai Notre-Dame. De nouveau, je reçus aussitôt l'inspiration de changer ma route à l'encontre de toutes mes hypothèses. Trois minutes plus tard, je passais à dix mètres du Scruden, rocher désert à l'entrée de Fascrudsfiord, sain comme abords dans la partie où je me trouvais, mais dangereux au premier chef dans la partie Nord-Est. Et je me serais trouvé dans cette partie dangereuse sans l'inspiration venue de Notre-Dame.

« J'affirme donc que dans ces deux circonstances la très sainte Vierge a manifestement protégé et guidé son navire le *Notre-Dame-de-la-Mer*. C'est ma conviction la plus absolue. Aussi lui en suis-je infiniment reconnaissant et je suis très heureux de le proclamer. »

Le brave marin qui affirme ainsi hautement la protection de Notre-Dame est un officier de la marine de l'État, décoré de la Légion d'honneur

CHAPITRE VII

Épreuves et joies.

Suppression et rétablissement des processions. — La grande guerre. — Fête et office de Notre-Dame. Extension du culte.

Pendant que Notre-Dame continuait de manifester sa puissance, particulièrement en faveur de ses chers marins, une épreuve douloureuse et bien inattendue frappait ses serviteurs et ses pèlerins.

A la suite d'un incident qui parut provoqué, le conseil municipal de Boulogne émit, le 3 juin 1904, le vœu de la suppression des processions et l'administration cessa de les autoriser.

C'en était donc fait des manifestations extérieures de la dévotion à Notre-Dame, de ces pieux cortèges de pèlerins traversant la ville au chant des hymnes et des cantiques, et surtout de la grande procession du mois d'août, à laquelle la population boulonnaise était si attachée et qui attirait des multitudes de respectueux spectateurs. Les pèlerinages cependant furent maintenus; les pèlerins continuèrent de venir en foule, montant à la basilique en cortèges recueillis, et édifiant toute la ville par la récitation du chapelet.

Pendant plusieurs années, cette suppression fut imposée, malgré des pétitions qui réclamaient instamment le rétablissement tant désiré des processions traditionnelles. En 1909, puisque la municipalité refusait malgré tout de laisser les Boulonnais honorer publiquement la Patronne séculaire de leur cité, on demanda à la chrétienne population du Portel de recevoir chez elle la grande procession. Cette proposition fut accueillie avec enthousiasme. Trois années de suite, la statue d'argent de Notre-Dame et la main de la statue miraculeuse quittèrent la ville. Le clergé des paroisses et la population tout entière les suivirent. Boulogne ressemblait à un désert. Au Portel, dans le cadre pittoresque du bourg, sous les arcs de triomphe, entre les maisons toutes parfaitement décorées, au milieu d'une foule immense, à la suite de groupes très intéressants et très pieux qui ne cessaient de faire entendre des prières et des chants redits par le peuple, Notre-Dame reçut un triomphe incomparable. On n'aurait rien souhaité de mieux, si on avait pu se consoler de voir la Madone exclue des places et des rues de Boulogne.

En 1911, à la vue de la multitude qui remplissait la grande place de l'église, Mgr Lobbedey, évêque d'Arras, s'écriait avec admiration : « Sommes-nous au Portel, ou à Lourdes, ou au ciel ? »

La paroisse du Portel, c'est justice de le reconnaître, a bien mérité de Notre-Dame qui continuera de la bénir et d'y faire fleurir les vocations sacerdotales.

Mais, à Boulogne, la question des processions ne cessait pas de se poser. Elle eut une grande influence sur le résultat des élections municipales de 1912, à la suite desquelles la municipalité nouvelle, donnant satisfaction à la population presque entière, rendit la liberté souhaitée depuis huit ans. La procession de la Fête-Dieu, d'abord, puis, au mois d'août, la grande procession de Notre-Dame purent parcourir, sans aucune opposition ni manifestation contraire, les places et les rues de la cité.

L'allégresse et l'enthousiasme se continrent d'abord. Mais l'année suivante fut témoin de cérémonies splendides. Le cardinal Bourne, archevêque de Westminster, se rappelait que, pendant son enfance, les prières de sa mère lui avait obtenu de Notre-Dame de Boulogne la guérison d'une grave maladie. Il voulut présider la procession de la Madone. Précédé d'un cortège d'évêques, il traversa, dans la majesté de la pourpre, la ville remplie d'une foule incalculable. On se demande si c'était trop de l'estimer à cent cinquante mille personnes. Plusieurs fois, avant et après cette fête, l'éminentissime prélat est venu célébrer la messe au sanctuaire de Notre-Dame.

Pendant la guerre, les processions eurent plutôt un caractère de supplication et de prière, et combien ardents les vœux montaient vers la Vierge pour la patrie et pour la cité! Après la victoire, elle fut encore honorée deux fois de la présidence d'un cardinal, entouré de plusieurs évêques. En 1919, le cardinal Amette, archevêque de Paris; en 1920, le cardinal Dubois, alors archevêque de Rouen, furent ravis de l'accueil et de la piété des Boulonnais.

Vraiment Notre-Dame a repris possession de sa ville privilégiée et on doit espérer que c'est pour toujours.

Les liens qui les unissent ont d'ailleurs été resserrés par les épreuves de la grande guerre.

Dès le début, le 15 août 1914, dans un acte solennel auquel prit part une grande assistance, fut renouvelée la consécration de Boulogne à Notre-Dame et un vœu fait pour solliciter la protection de la Patronne spéciale.

Dans la région, on fit des vœux semblables. La vieille confiance, dont les âmes étaient pénétrées depuis des siècles, se manifestait de nouveau. Chaque jour, la rotonde du dôme se remplissait pour la récitation du rosaire; la prière montait ardente vers Notre-Dame, toutes les fois que se faisaient des cérémonies de supplication, auxquelles souvent assistèrent les autorités officielles.

Pendant trois ans, Boulogne fut à l'abri des coups de l'ennemi d'une façon qui tenait du prodige. A son port cependant abordaient sans cesse des navires anglais chargés de soldats, d'armes et de munitions qui couvraient ses quais. « Si j'étais allemand, disait un officier supérieur bien placé pour juger, je bombarderais Boulogne tous les jours. » Et il avouait que seule la protection de Notre-Dame lui expliquait cette préservation.

Elle ne dura pas jusqu'à la fin de la guerre et la ville paya, elle aussi, son douloureux tribut. Mais elle évita l'envahissement et la ruine. Plusieurs fois, l'ennemi sembla sur le point de s'approcher. On se demande pourquoi il ne l'a pas fait au début de septembre 1914. Et s'il avait occupé Boulogne, l'escadre anglaise devait tout détruire. Après la paix, on put dire qu'une main très puissante et très douce avait protégé les côtes de la Manche dont l'ennemi voulait s'emparer et que la France avait confiées à Marie.

Aussi la reconnaissance éclata de toutes parts, les manifestations d'actions de grâces se multiplièrent : pèlerinages, érection de statues et de monuments de Notre-Dame, comme à Licques et au Portel. Chaque année, au jour de la fête de Notre-Dame, les paroisses de Boulogne accomplissent le vœu qu'elles ont fait d'offrir, pendant vingt ans, des cierges votifs à leur Patronne spéciale, et tous les samedis une messe d'actions de grâces est célébrée à son autel, pour la remercier d'avoir préservé la ville.

A la reconnaissance publique se joignit la gratitude

des personnes et surtout des soldats qui se reconnaissaient redevables à Notre-Dame.

Beaucoup l'ont invoquée au moment du péril et l'ont remerciée d'avoir été secourus. Des soldats, non seulement du Boulonnais, mais aussi de régions éloignées, se sont félicités d'avoir eu recours à sa maternelle puissance. Des cartes portant une belle image de Notre-Dame ont été envoyées au front par centaines. « Quand les soldats la voient, ils veulent tous en avoir, » écrivait-on. « Puisque tu vas à Boulogne, disait-on à un permissionnaire, rapporte donc des images de Notre-Dame ? » On les trouvait depuis l'Yser jusqu'en Macédoine. Les braves poilus la mettaient près d'eux dans les tranchées et dans les abris et il y a des traits de protection vraiment remarquables. Un boulonnais ne revenait jamais en permission, sans monter d'abord à la basilique, avant de voir personne de sa famille. Il arrivait souvent la nuit et n'en faisait pas moins son pèlerinage d'actions de grâces, en s'agenouillant aux portes closes pour remercier la Vierge qui l'avait protégé.

Un jeune officier n'a jamais manqué d'invoquer Notre-Dame quand il était envoyé en mission périlleuse et il est toujours revenu indemne, avec ses hommes.

Un ex-voto était accompagné de ces lignes : « A la cote 304, sous un violent bombardement, j'invoquai Notre-Dame de Boulogne. J'avais lu, un jour, par hasard, une notice relatant plusieurs faits étonnants qui s'étaient produits après une fervente prière de marins boulonnais à l'adresse de leur patronne vénérée. Moi aussi, je lançai un suprême appel à Notre-Dame au moment où un obus éclatait à mes pieds. Je ne fus que blêssé et un an après, je venais remercier Notre-Dame de Boulogne dans sa basilique. »

Beaucoup d'autres sont venus et ont apporté en témoignage de leur reconnaissance : croix d'honneur, médailles militaires, croix de guerre, ex-voto dont les inscriptions portent des dates significatives. La marine de l'État y a eu sa part et dans un angle de la chapelle de Notre-Dame, un nom, *La Sainte-Jeanne*, et deux dates sont le souvenir du distingué amiral dont la vaillante habileté protégea le détroit et permit à nos alliés d'Angleterre d'utiliser le port de Boulogne.

Durant ces années critiques, le sanctuaire de la Madone reçut, isolés ou en groupes, des pèlerins qu'il n'était pas accoutumé de voir. Des soldats britanniques y firent un pèlerinage nombreux et solennel. Les Belges réfugiés dans la région s'y réunirent plusieurs fois, en présentant, selon la coutume de leur pays, un cierge votif entouré d'un ruban aux couleurs nationales; en chantant la Vierge et en entendant ses louanges dans cette langue flamande qui rappelait le souvenir des pèlerins du Moyen Age.

Au xe siècle, les évêques de Thérouanne s'étaient réfugiés à Boulogne et près de Notre-Dame, après la destruction de leur cité par les Normands. Ainsi Mgr l'évêque d'Arras, obligé, pour gouverner son diocèse, de s'éloigner de la ville épiscopale devenue inhabitable du fait des nouveaux barbares, établit provisoirement sa résidence à Boulogne et son siège épiscopal dans la basilique. Le chapitre de la cathédrale suivit le pontife et les échos étonnés de l'antique sanctuaire redirent les chants de cérémonies sacrées qu'ils avaient oubliés depuis longtemps. Les fonctions pontificales furent célébrées comme elles l'avaient été autrefois.

Celles même qu'on pouvait le moins prévoir. Ainsi les funérailles de l'illustre et vaillant évêque,

Mgr Lobbedey, qui avait choisi sa sépulture dans la crypte de la basilique, où il repose, non loin des anciens évêques de Boulogne. Et l'intronisation de son distingué successeur, Mgr Julien, qui fut heureux d'être accueilli dans son diocèse aux pieds de la Madone que, enfant, il avait priée devant son image, en Normandie, dans la maison de son aïeule.

Ainsi les joies se mêlaient aux épreuves. Elles éclatèrent avec enthousiasme quand le recul de l'ennemi annonça sa prochaine défaite. Déjà la prise de Jérusalem avait été dignement célébrée dans la cité des croisés et devant la Madone qui porte au front la couronne de la Ville sainte. A la délivrance d'Arras et du diocèse, de la province, de la patrie, à l'armistice, les *Te Deum* solennels se succédèrent, s'unissant à la reconnaissance envers Notre-Dame.

Au cours même de la guerre, d'autres fêtes avaient eu lieu qui se rapportaient très directement au culte de la Vierge boulonnaise.

Déjà en 1912, Mgr Lobbedey avait personnellement obtenu de Pie X, de sainte mémoire, une précieuse faveur : la permission pour les prêtres de célébrer la messe de la sainte Vierge tous les jours, sauf les exceptions ordinaires, à l'autel de Notre-Dame, et à tous les autels de la basilique pendant la station des pèlerinages. Les archives conservent précieusement la concession autographe du souverain pontife.

A la même époque, les suppressions prescrites par les nouvelles rubriques et atteignant, dans le diocèse, plusieurs fêtes de la sainte Vierge, inspirèrent à Mgr l'évêque l'heureuse idée de solliciter une fête, avec messe et office propres, pour nos principales Madones. La fête fut d'abord accordée et, pour Notre-Dame de Boulogne, fixée au 22 octobre. Cette date avait été déterminée par celle du Patronage qu'on célébrait autrefois le quatrième dimanche du même mois. Elle avait l'avantage de rappeler la protection de la Vierge, aux jours d'angoisse, où l'ennemi, sur les bords de l'Yser, avait été empêché d'envahir nos côtes.

La population accueillit cette nouvelle avec allégresse. Le 22 octobre 1915, elle accourut en foule à l'appel de Mgr Lobbedey, et chaque année la revoit heureuse et empressée de célébrer sa chère Patronne. Dans l'office accordé par le Saint-Siège, les hymnes chantées depuis des siècles s'unissent à des prières et à des lectures adaptées à l'antique dévotion et la messe peut se dire dans toutes les occasions concédées par le pape Pie X.

Faveurs nouvelles, que le glorieux passé n'avait pas connues, et qui rehaussent le culte de Notre-Dame en lui donnant un véritable caractère liturgique.

En même temps, la dévotion à Notre-Dame de Boulogne continue à se propager jusque dans les contrées les plus lointaines.

Les historiens ont signalé des églises construites en son honneur en Chine, dans l'île de Ceylan, à Madagascar. Le P. Coppin, un missionnnaire portelois, lui a dédié celle qu'il a bâtie à Ipoh, dans la presqu'île de Malacca. Elle possède un beau groupe, venu de France, représentant Notre-Dame escortée des anges, dans son bateau. A l'inauguration de cette statue, au commencement de 1914, assistait par une heureuse rencontre, le duc de Montpensier, descendant de ces rois de France si dévoués à Notre-Dame. Un autre missionnaire a élevé, dans les montagnes de Mandchourie, une chapelle à Notre-Dame de Boulogne. Le P. Denis lui a consacré le modeste sanctuaire d'un monastère à Phuoc-Son en Annam. L'église paroissiale de Camiers, au canton d'Étaples, récemment reconstruite, a été dédiée à la Madone boulonnaise, dont l'image domine le maître-autel. A Naples, Ferdinand de Bourbon, roi des Deux-Siciles, a fait construire, près de l'arsenal, sur le môle, une magnifique église dont une des plus belles chapelles est dédiée à Notre-Dame de Boulogne; là aussi, la Vierge est placée dans une barque, entre deux anges. A Anvers, l'église Saint-Lambert possède une chapelle de Notre-Dame de Boulogne, Étoile de la mer, avec sa statue. A Boulogne même, une ancienne statue de Notre-Dame assise dans une barque est honorée sous le titre de Notre-Dame de Saint-Sang, sur la paroisse Saint-François de Sales.

Il est impossible d'énumérer les églises et chapelles de la région boulonnaise et du diocèse d'Arras qui possèdent l'image de Notre-Dame. Elle a été envoyée et elle est honorée dans les modestes sanctuaires de missions, à Madagascar, à Ceylan, au Japon, en Chine, en Indo-Chine, aux Indes, en Annam, en Birmanie : là, des missionnaires, anciens élèves ou professeurs du petit séminaire et de l'école libre Notre-Dame de Boulogne, se sont fait une joie d'accueillir l'image de la Madone qu'ils ont tant aimée.

Au sanctuaire national du Sacré-Cœur, à Montmartre, dans la chapelle de la sainte Vierge, la représentation en mosaïque de Notre-Dame de Boulogne a été admise par le cardinal Amette au nombre des plus illustres Madones de France.

Enfin, dans ces derniers mois, à la demande du cardinal Dubois, archevêque de Paris, et sur l'initiative de M. le curé de Notre-Dame de Boulogne-sur-Seine, le Saint-Siège vient d'accorder à cette ville une fête de Notre-Dame de Boulogne, le 22 octobre, avec la messe et l'office concédés au diocèse d'Arras, sauf quelques modifications et additions nécessaires. Cette fête sera célébrée dans toutes les églises et chapelles de la ville sous le rite de 2e classe, et sous le rite de 1re classe dans l'église Notre-Dame, la plus ancienne et la plus illustre des églises élevées en l'honneur de la Vierge boulonnaise.

ÉPILOGUE

L'accident et la restauration de la basilique.

A toutes les épreuves et aux tristesses éprouvées pendant la guerre, il a plu à la divine Providence d'en ajouter une autre, qui a été compensée par de vives joies.

D'importantes réparations étaient nécessaires à la voûte de la basilique, où se montrait une fissure médiane produite sans doute par un écartement des murs. Elles furent ordonnées et dirigées par la ville, propriétaire de l'église. Les travaux étaient en cours, lorsque, le 3 novembre 1921, à dix heures du soir, la voûte de la grande nef s'écroula d'un seul bloc, entraînant dans sa chute les lourdes coupoles ajourées et le toit qui la surmontaient.

C'était un vrai désastre. Le mobilier, à part les chaises, était heureusement intact. Mais la chère église, remplie de ruines, avait un aspect de dévastation. Heureusement l'accident s'était produit pendant la nuit. Trois heures plus tôt, plusieurs centaines de personnes étaient réunies sous la voûte, sans aucune inquiétude, pour le salut de l'octave des morts.

CHAPELLE DE NOTRE-DAME.

La ville de Boulogne et toute la région furent profondément émues de cet accident. On vit combien la basilique et le culte de Notre-Dame étaient chers à la population boulonnaise. Un vif désir fut immédiatement exprimé, jaillissant du fond des cœurs : « Il faut restaurer la cathédrale! »

D'habiles experts constatèrent que le dôme majestueux n'avait aucunement souffert, que les fondations de l'édifice étaient solides. Mais ils estimèrent nécessaire de faire tomber et rétablir toutes les parties des voûtes encore en place et le toit entier.

C'était une dépense considérable. Le gros œuvre devait coûter 800 000 francs. On estimait alors qu'il aurait fallu y ajouter 200 000 francs pour restaurer le mobilier, car on avait dû descendre les orgues, et les décorations. Cette dernière évaluation a été depuis reconnue insuffisante de beaucoup.

Le conseil municipal, sur la proposition du maire, M. le Sénateur Farjon, vota, à la majorité des deux tiers des voix, 600 000 francs pour cette reconstruction. Le conseil de paroisse accepta généreusement la responsabilité de procurer, au moyen d'une souscription, les autres 200 000, et de se charger du mobilier et des décorations.

Il savait qu'il pouvait compter sur la générosité des serviteurs et des fils de Notre-Dame. Les offrandes vinrent de partout. Du diocèse d'Arras, encouragé par une éloquente lettre de son évêque, Mgr Julien; de la France entière, d'Espagne, de Rhénanie, d'Angleterre. D'Afrique, elles arrivèrent de cette terre de Carthage où l'on a découvert les plus anciennes représentations de Notre-Dame de Boulogne. L'Asie envoya des dons modestes, mais très précieux, de missionnaires et de leurs chrétiens de Ceylan, de Malacca et même des forêts d'Annam où vivent les sauvages Bahnars. D'Amérique, on reçut quelques dollars. Mais la paroisse Notre-Dame, la ville de Boulogne et le Boulonnais ont été magnifiques. Ils ont, une fois de plus, témoigné de leur attachement profond à leur Patronne séculaire, et se sont montrés dignes des aïeux, de ceux qui ont restauré la cathédrale, aux XVIe et XVIIe siècles, et qui l'ont rebâtie au XIXe. Notre-Dame ne l'oubliera pas, et les archives de la basilique conserveront précieusement les longues listes de souscription.

Les travaux ont été poussés avec activité, exécutés avec une rapidité étonnante; entrepreneurs et ouvriers se sont mis avec empressement, avec amour, on peut le dire, à leur ouvrage. Aucun accident sérieux n'est venu les attrister. Le plan général était la réfection des voûtes dans leur état primitif et une meilleure disposition du toit. Le dôme a reçu une armature spéciale, qui en augmente et en assure la solidité.

Le 15 août 1923, le gros œuvre étant achevé, la basilique a été rendue au culte de Dieu et de Notre-Dame, et inaugurée par Mgr l'évêque d'Arras. On ne pouvait se lasser d'admirer le résultat du travail, N'étant plus alourdie comme autrefois par des décorations, la voûte s'élève très gracieuse et très légère avec une solidité capable de défier les siècles.

Il reste maintenant à renouveler l'ensemble de la décoration. Le conseil de paroisse s'y emploiera de tout cœur, assuré de ne pas manquer de ressources.

Ainsi cet accident, qui semblait menacer l'église et le culte de Notre-Dame, n'a servi qu'à manifester la dévotion de ses enfants. N'en est-il pas ainsi depuis treize siècles, en ce lieu que la Vierge a choisi pour y être honorée à perpétuité ?

Caractère spécial de la dévotion à Notre-Dame de Boulogne

Notre-Dame de Boulogne, l'Étoile de la Mer, la Reine des Flots, est la patronne des marins, des navigateurs, de tous ceux qui sont exposés aux périls de l'océan : elle exerce ce patronage avec une merveilleuse bonté pour tous ceux qui l'invoquent.

Mais la vie a toujours été comparée, fort justement, à une mer orageuse, semée d'écueils, soulevée par la tempête et fertile en naufrages. Les âmes, frêles barques toujours battues par les épreuves et les tentations, y suivent péniblement leur route vers le port de l'éternité bienheureuse. De cette mer, Marie est aussi l'Étoile. Elle guide ceux qui se confient en elle et elle leur porte secours au moment du danger.

C'est ce que saint Bernard a parfaitement exposé en une page célèbre.

« O vous qui comprenez que, dans le cours de cette vie, vous flottez plus au milieu des vents et des tempêtes que vous ne marchez sur la terre ferme, ne détournez pas les yeux de cette Étoile, si vous ne voulez être englouti par l'ouragan. Si les vents des tentations se lèvent, si vous courez vers les écueils des tribulations, levez les yeux vers l'Étoile, invoquez Marie. Si vous êtes ballotté par les flots de l'orgueil, de l'ambition, de la médisance, de la jalousie, levez les yeux vers l'Étoile, invoquez Marie. Si la colère, l'avarice, les attraits de la chair battent la nacelle de votre âme, levez les yeux vers Marie. Si, troublé par l'énormité de vos crimes, confus des souillures de votre conscience, effrayé par la crainte de votre juge, vous vous laissez engloutir dans le gouffre de la tristesse et l'abîme du désespoir, pensez à Marie. Dans les périls, dans les angoisses, dans les doutes, pensez à Marie, invoquez Marie. Que son nom ne s'éloigne pas de vos lèvres, ne s'éloigne pas de votre cœur. Pour obtenir le suffrage de sa prière, ne cessez pas d'imiter ses exemples. En la suivant, vous ne vous égarez point ; en la priant, vous ne désespérez point ; si elle vous tient, vous ne tombez point ; sous sa protection, vous ne craignez point ; sous sa conduite, vous ne vous fatiguez point ; si elle vous est propice, vous parvenez au terme. »

Ce recours perpétuel à Marie, la douce Étoile de la Mer, dans les tentations et les dangers, n'est-il pas entièrement d'accord avec la dévotion à Notre-Dame de Boulogne et n'en doit-il point constituer le caractère spécial ?

Tel est le sens de l'oraison approuvée par l'Église pour la fête de Notre-Dame :

« O Dieu, qui, par le Patronage spécial de la Vierge Mère de Dieu, daignez protéger et illustrer nos rivages, accordez-nous, nous vous en prions, que, sous la conduite de cette Étoile de la mer, à travers les eaux amères de ce siècle, nous arrivions heureusement au port de votre gloire ! »

LIVRE V

LE PÈLERINAGE ET LA BASILIQUE

CHAPITRE PREMIER

Le pèlerinage.

La ville de Boulogne-sur-Mer, la cité honorée par le culte séculaire de la Madone, est située sur une des grandes voies internationales et d'accès très facile. Les trains et les bateaux la mettent à trois heures et demie de Paris et de Londres, cinq heures de Bruxelles. Les relations sont très faciles avec Amiens, Calais, Lille et le Nord.

De quelque part qu'on arrive de terre ou de mer, on aperçoit de loin le dôme de Notre-Dame, *la gloire de Boulogne*, comme l'appelle René Bazin, dominant et couronnant la ville entière, à laquelle il donne un aspect magnifique.

Deux gares desservent la ville. La gare centrale est à vingt minutes de la basilique, celle des Tintelleries à dix minutes

Les voyageurs et les pèlerins qui viennent des gares ou du port entrent dans la haute-ville par la principale de ses quatre portes, la porte des Dunes. Située au haut de la Grande Rue, elle fait communiquer, l'antique ville-haute et la basse-ville moderne. C'est la porte triomphale, par laquelle les empereurs romains, revenant plus ou moins victorieux de Grande-

Bretagne, puis les princes, les rois et les évêques faisaient leur entrée dans la cité.

Cette porte est surmontée d'une statue de Notre-Dame de Boulogne, souvenir, comme l'a expliqué cette histoire, de la suzeraineté sur la ville conférée par Louis XI à la Madone et reconnue par les rois ses successeurs.

Cette statue vient d'être très heureusement renouvelée, sur les indications de M. Camille Enlart, par le sculpteur Paul Graf.

La station annuelle des pèlerinages commence toujours le 15 août, en la fête de l'Assomption de la sainte Vierge. Mgr l'évêque d'Arras l'inaugure par la célébration des offices pontificaux et préside la gracieuse procession qui se fait l'après-midi sur les vieux remparts.

Chaque jour de la station, de nombreux pèlerinages viennent dans la matinée, de la région boulonnaise et de plus loin. Dans l'après-midi, on fait la procession aux flambeaux dans la basilique et dans la crypte. Le soir, il y a sermon par un prédicateur choisi parmi les maîtres de la parole sacrée.

La grande procession de Notre-Dame se fait au cours de la station, ordinairement le deuxième dimanche après l'Assomption. Les six paroisses de la ville y prennent part, avec les paroisses de Saint-Martin et du Portel. Celle-ci se distingue par les costumes pittoresques et gracieux des jeunes filles et des femmes. Souvent des groupes d'œuvres de jeunesse ou de pèlerins venus du nord de la France, de Paris ou d'Angleterre, s'y associent. L'immense cortège, avec ses multiples bannières, ses nombreux groupes aux costumes et aux attributs variés, se déroule devant le portail de la basilique, où siègent les évêques et les dignitaires ecclésiastiques. Les cantiques alternent avec la récitation des prières auxquelles s'unit la foule des spectateurs. Les voies suivies par la procession sont décorées de drapeaux, d'oriflammes, de fleurs et de filets, « une ville entière, disait en 1913 l'*Écho de Paris* drapée d'azur et de blanc, voilée des légers filets de pêche tendus en vélums, en lambrequins, enportières, enguirlandée de verdure et de fleurs, le ciel disparaissant presque derrière les envolements de drapeaux tricolores, de pavillons anglais, d'oriflammes aux couleurs de Notre-Dame. »

Depuis quelques années surtout, grâce aux efforts d'un dévoué comité, le quartier de la marine se distingue par le pittoresque, le bon goût et la couleur locale de ses décorations et arcs de triomphe.

Pour contempler et admirer ce spectacle, la foule accourt de la ville, des plages voisines, de toute la région et de très loin. Les trains spéciaux sont chargés de pèlerins. On vient de Paris et de bien au delà. Le spectacle de ces multitudes se courbant avec foi ou du moins avec respect sous la bénédiction des pontifes est unique. Complet est l'accord des âmes, sans que rien y vienne contredire. Au retour, dans la basilique débordante, le chant du *Magnificat* célèbre la Madone et l'assistance lui redit encore ses protestations d'amour et de reconnaissance.

Il y a peu de cérémonies religieuses qui puissent être comparées à cette procession vraiment splendide.

La station de Notre-Dame de Boulogne ne se termine pas à date fixe. Elle dure au moins jusqu'au 26 août et au plus tard jusqu'au 30. Une belle cérémonie intérieure en marque la clôture.

Les pèlerinages ne viennent pas seulement pendant cette quinzaine. De Boulogne même, les marins de la paroisse Saint-Pierre, avant de reprendre la mer, après l'interruption de navigation, après la *grève*.

comme ils disent, du commencement de l'année, se font un devoir de mettre leurs travaux sous la protection de Notre-Dame. Accompagnés de leur famille, ils montent en une immense procession la sainte colline et remplissent la basilique de leur foule empressée. Les marins du Portel les imitent, en moindre nombre et moins de solennité.

Souvent, à toute époque de l'année, on voit, aux pieds de Notre-Dame, des groupes de marins qui, avec leurs femmes et leurs enfants, invoquent et remercient l'Étoile de la Mer. Les pèlerins isolés et les suppliants sont aussi très nombreux. Leurs cierges brûlent constamment, en buissons ardents, devant l'autel de la Madone et font monter vers elle, avec leur flamme, la prière des serviteurs de Marie.

Des groupes d'élèves des collèges, de jeunes gens de patronages, d'associations pieuses font volontiers leurs dévotions à Notre-Dame. Enfin des pèlerinages nombreux, de paroisses et de régions entières, choisissent le jour qui leur convient pour venir l'invoquer.

Le clergé de la basilique est à la disposition de tous, pour les accueillir, soit à l'improviste, soit aux moments fixés. Et il suffit d'écrire à l'archiprêtre pour avoir tous les renseignements désirés et pour que l'autel de Notre-Dame soit réservé à la messe et aux offices du pèlerinage.

CHAPITRE II

La basilique.

Il n'y a pas, dans tout le Nord de la France, de sanctuaire plus vénérable que l'église de Notre-Dame de Boulogne.

Elle a été élevée, on l'a dit au commencement de cet ouvrage, sur l'emplacement du temple de la cité romaine.

Depuis le IVe siècle, en cet endroit privilégié, Dieu n'a pas cessé d'être honoré par le culte catholique. Chaque fois que les sanctuaires successifs ont été détruits, la piété des peuples les a élevés de nouveau à la gloire de Notre-Dame.

La basilique actuelle est d'un style composite gréco-romain. Au lieu de reposer immédiatement sur les chapiteaux des colonnes, l'entablement s'élève sur des arcades. Les voûtes se composent d'une succession de coupoles surmontées de la voûte principale. Le dôme au lieu d'être à la croisée du transept, s'élève à l'abside; on a dit comment les modifications successives, apportées à ses plans par le restaurateur, ont causé cette anomalie. Dans cet édifice sacré, il faut distinguer trois parties : la basilique proprement dite, le dôme et la crypte. Mgr Haffreingue aimait à dire que la première représente l'Église militante de la terre; la seconde l'Église triomphante du ciel; la troisième, l'Église souffrante du Purgatoire. Et plusieurs particularités de la décoration expriment cette idée.

Lorsqu'on entre par le grand portail, le regard est frappé de la majesté et de la grâce de l'édifice. Sauf l'hiver, où un rideau arrête la vue derrière le maître-autel, on aperçoit de loin, à une distance de plus de cent mètres, la statue rayonnante de Notre-Dame de Boulogne dans sa barque.

Assurément, il ne faut pas chercher dans la basilique la perfection de l'art classique, mais l'ensemble est très agréable et plaît beaucoup. Les colonnes, sveltes et élevées, ne masquant aucune partie de l'édifice, ont une large part au charme de l'ensemble. La lumière entre à flots par les grandes fenêtres; son éclat s'harmonise avec le style et donne un air de fête qui convient à un sanctuaire où les foules se pressent fréquemment.

La basilique a cinq nefs. Leur largeur totale est de 27 mètres. L'autel majeur s'élève de dix degrés au-dessus de la nef principale. Il est, nous l'avons dit, le joyau de l'église. Pour en juger et l'apprécier, qu'on ne se contente pas de le voir de loin. Il faut s'en approcher et l'examiner attentivement, ce qu'on ne peut faire qu'avec l'autorisation et en compagnie du gardien.

Il est établi sur de larges proportions; sa longueur est de 3 mètres 75 centimètres, et sa largeur de 2 mètres 72 centimètres; il est double, c'est-à-dire qu'on peut célébrer la messe des deux côtés. Son ornementation consiste en une série de panneaux séparés par des colonnes en serpentine sméraldine, qui supportent la table d'autel, en marbre de Carrare, et dont les bases et les chapiteaux sont en bronze doré.

Les grands côtés présentent cinq panneaux, avec arcatures, et les côtés latéraux trois. L'intérieur de chacun de ces compartiments est rempli par un tableau en mosaïque romaine d'un travail incomparable, d'un fini et d'une beauté hors ligne. Ces mosaïques représentent, du côté de la nef, au milieu, Notre-Dame de Boulogne; à droite, saint Ambroise et saint Athanase; à gauche, saint Grégoire et saint Jean-Chrysostome; du côté du dôme, au milieu, Notre-Seigneur; à droite, saint Marc et saint Jean; à gauche, saint Matthieu et saint Luc.

Sur chacun des côtés latéraux de l'autel se trouvent trois panneaux occupés, celui du milieu par les armoiries des donateurs, les deux autres par des inscriptions :

Comme accompagnement des armes du commandeur Torlonia, se trouvent les inscriptions suivantes :

CAROLVS. TORLONIA
EQ. TORQ. ORD. HIEROSOL.
PRO . PIETATE
QVA . IN . MARIAM . D. N.
EX . ANIMO . FERVEBAT
ALTARE . HOC . ILLI
EXTRVERE . FESTINABAT
QVVM . INVITIS
BONONIENSIBUS
EX . HAC . VITA. MIGRAVIT
AN. CHR. M.DCCCXXXXVII.

IESV. CHRISTO . D. N.
SERVATORI
GENERIS . HVMANI
MARIA . D. N.
TV . SACRIFICIA . PRECES
BONAQUE . OMNIA . NOSTRA
BENIGNA , PRAEBETO
QVEIS . CAROLO . TORLONIA
BONONIENSES
ENIXE . REFRIGERIVM
IMPLORAMVS.

« Charles Torlonia, commandeur de l'ordre de Jérusalem, allait, par suite de la dévotion qui enflammait son cœur envers Marie, Notre-Dame, lui faire élever cet autel, lorsque, au grand regret des Boulonnais, il trépassa de ce monde, l'an du Christ 1847. »

« O Marie, Notre-Dame, faites-nous la faveur d'offrir à Jésus-Christ Notre-Seigneur, Sauveur du genre humain, les sacrifices, les prières et toutes les bonnes œuvres que les Boulonnais vous offrent afin de demander avec ferveur pour Charles Torlonia le rafraîchissement éternel. »

Les inscriptions qui accompagnent les armes du prince Torlonia sont ainsi conçues :

PRO PIETATE
QUA . IN . MARIAM . D. N.
ALEXANDER . TORLONIA
DYNASTES . ROMANUS
EX . ANIMO . FERVET
ALTARE . HOC
RITV
ET . ARTE . ROMANA
EXTRVXIT
ANNO . A . CHR. NATIVIT.
M.DCCC.LVIII.

MARIA . D. N.
QVOD
ALEXANDER . TORLONIA
ALTARE . HOC . EXCITANDO
HONOREM . TIBI . AVGERE
STVDVERIT
BONONIENSES . TE . ROGANT
VTI . PER . TE . IN . HAC . VITA
DEVS . ILLI . SIT . PROPITIVS
IN . FVTVRA
RETRIBVTOR.

« Par la dévotion qu'il professe envers Marie, Notre-Dame, Alexandre Torlonia, prince romain, a fait ériger solennellement cet autel d'un travail romain, l'an de la naissance du Christ 1858. »

« O Marie, Notre-Dame, vous qu'Alexandre Torlonia s'est appliqué à honorer en érigeant cet autel, les Boulonnais vous invoquent, afin que par votre intercession Dieu lui soit favorable en cette vie et le récompense en l'autre. »

Sur l'autel se trouve un haut et large gradin, supportant un riche tabernacle, composé de marbres précieux : les colonnettes sont en lapis-lazuli et les pilastres en rouge antique; l'architrave et la corniche, en marbre de Carrare. La porte de ce magnifique tabernacle est en albâtre sardaigne de Sainte-Cécile.

On n'a rien négligé pour donner à ce monument toute la splendeur possible. Les marbres les plus précieux d'Afrique, d'Asie, d'Amérique et d'Europe s'y trouvent réunis. On y remarque la lumachelle opaline de Corinthe, la malachite de Sibérie, le porphyre rouge d'Égypte, le vert antique, la serpentine de Laconie, la lumachelle de Sibérie, le vert d'Afrique, l'agathe rose, la breccia di S. Agostino, l'albâtre rosa, la sardoine, la brèche polychrome de Sainte-Suzanne, le jaspe d'Orient, la nummilite rose, le diaspre de Sicile, l'onyx, l'archangelo, le lapis-lazuli et cent autres variétés.

Le plan de cet autel, unique au monde par l'agencement et la beauté des marbres, est dû au chevalier Carnevali, architecte en grand renom à Rome. Dans ce magnifique travail, il fut merveilleusement servi par le célèbre mosaïste Constantin Rinaldi et l'habile bronziste Latini; ces deux artistes s'y sont montrés à la hauteur de leur réputation.

La première nef latérale du côté de l'évangile aboutit à la chapelle de Saint-Joseph. L'autel et le retable sont en marbre. On y admire une très belle statue, en marbre de Carrare, œuvre de Delaplanche.

Une inscription placée sur une des colonnes du chœur rappelle les origines antiques de la dévotion à saint Joseph dans l'Église Notre-Dame de Boulogne. Déjà, en 1580, la cathédrale avait un autel *anciennement* dédié au saint patriarche. On ne sait à quelle époque il fut élevé. Peut-être faudrait-il remonter aux croisades et il n'est pas impossible que cette dévotion ait été rapportée d'Orient par les croisés boulonnais. Mais il est certain que, l'autel de la paroisse ayant été détruit par les huguenots, le chapitre accorda aux mayeur et échevins l'autel de Saint-Joseph pour le remplacer. Depuis cette époque, c'est-à-dire depuis près de trois siècles et demi, la paroisse de la Haute-Ville est sous le patronage du saint époux de Marie. Il n'y a sans doute pas, en France, de paroisse qui ait depuis si longtemps le même privilège.

Du côté de l'épître, la nef latérale se termine à la chapelle de Saint-Benoît-Joseph Labre, décoré de marbres de couleur, dans le genre italien. Il est surmonté d'un beau tableau, don du pape Pie IX, qui a sa réplique au tombeau du saint, dans l'église romaine de Sainte-Marie-des-Monts. Au sommet du retable, une image dorée de Notre-Dame de Saint-Sang, actuellement honorée dans l'église Saint-François de Sales. Une sorte de tabernacle, fermé d'une glace, renferme une importante relique du bras du saint boulonnais, qui a toujours été fort honoré dans l'église Notre-Dame.

A l'extrémité du transept, en face du portail latéral, s'élève un majestueux autel du Sacré-Cœur, en marbres ornés de bronze. Le bas-relief est de Delaplanche. Les statues de la sainte Vierge et de saint Jean, celle-ci très remarquable, sont l'œuvre de Louis Noël. Cet autel rappelle celui que Mgr de Pressy, l'avant-dernier évêque de Boulogne, avait élevé dans la cathédrale au Sacré-Cœur de Jésus, et la dévotion au divin Cœur, dont ce prélat s'est fait le propagateur intelligent et zélé.

Dans cette partie de la basilique, le visiteur et le pèlerin remarqueront encore la chaire, d'un beau travail du XVIIIe siècle, le buffet moderne de l'orgue, et, au bas de la nef de l'évangile, un *fac-simile* du tombeau de Godefroy de Bouillon, le glorieux prince boulonnais, tel qu'il est dans l'église du Saint-Sépulcre à Jérusalem.

A côté des chapelles de Saint-Joseph et de Saint-Benoît Labre, les dernières nefs latérales se prolongent et conduisent sous le dôme. Les murs de l'accès de droite sont couverts d'ex-voto de marbre, dont les inscriptions expriment la reconnaissance à Notre-Dame. Un vitrail y rappelle l'hommage de Louis XI. On arrive, au vénéré sanctuaire où, depuis cessé de treize siècles, la bienheureuse vierge Marie n'a pas manifester sa puissance et sa bonté. Après tant de pèlerins, de rois, de princes et de saints, on est heureux de s'agenouiller sur ce sol privilégié et de saluer Notre-Dame, Reine et Mère de miséricorde, comme le lui chantent les pèlerinages, à leur entrée dans sa basilique. *Salve Regina, Mater misericordiæ!*

Debout dans sa barque, au milieu des anges, la statue sourit à ceux qui invoquent la Madone. Devant elle, la prière est douce et la confiance naît dans les cœurs. Tant de faveurs et de miracles ont été obtenus ici!

D'innombrables ex-voto en témoignent, seulement pour les dernières années. Ils sont suspendus à la barque, s'élèvent sur les pilastres, s'inscrivent sur les larges plaques de marbre qui revêtent les murs de la chapelle et qui bientôt ne suffiront plus. Dans ces offrandes, il y a beaucoup de cœurs. Ils rappellent l'hommage des rois de France, celui surtout qui est à la main droite de la statue. La couronne qu'elle porte ordinairement au front est un *fac-simile* de celle du couronnement. Cette statue est l'ouvrage de Duthoit, que Viollet-Le-Duc appelait le dernier des imagiers. Les médaillons des vitraux retracent des épisodes de l'histoire de Notre-Dame et ont été dessinés par Grellet.

Le riche et gracieux autel de cette chapelle a été offert par une personne de nationalité anglaise, miss Loughnan. Ce magnifique travail, entièrement en marbres rares, a été exécuté à Rome, sur les dessins de l'architecte Pietro Benrivenga. La table de l'autel est supportée par deux anges en marbre blanc. Entre ces anges, sous l'autel, se trouve un beau sarcophage, en marbre vert, où repose un corps saint provenant des catacombes. Les prolongements de l'autel, les gradins et le tabernacle sont en marbres précieux, ornés de mosaïques et de bronzes. Sur la porte du tabernacle, une mosaïque de Florence, appliquée sur cuivre, représente le divin Sauveur. Cet autel, privilégié à perpétuité, est celui de deux archiconfréries : celle de Notre-Dame de la Mer et celle de Notre-Dame du Suffrage pour le soulagement des âmes du purgatoire.

Autour de la base du dôme, se trouvent six rotondes décorées par Charles Soulacroix de peintures remarquables par leur sentiment religieux et qui ont besoin d'être restaurées. Elles rappellent les principaux événements de la vie de la sainte Vierge. Quatre de ces rotondes sont des chapelles. L'une d'elles est dédiée à sainte Ide, comtesse de Boulogne et mère de Godefroy de Bouillon, dont cette histoire a raconté la dévotion à Notre-Dame. L'autel est surmonté d'une relique et d'une belle statue de la sainte, œuvre de Louis Noël. Dans les autres rotondes se trouvent le monument de Mgr Haffreingue par Duthoit, qui représente le prélat offrant l'église à Notre-Dame, et celui de celui de Mgr Lobbedey, dont Louis Noël a sculpté la statue. Un tableau de Tattegrain retrace, en une belle marine, l'arrivée de la statue miraculeuse. Près de la petite chaire, se trouve une liste des indulgences attachées à la visite de l'église.

Lorsque de ces œuvres d'art le regard s'élève vers le sommet intérieur du dôme, il est frappé d'admiration et d'étonnement, tant est hardie cette merveilleuse couronne élevée par Mgr Haffreingue sur l'autel de Notre-Dame. La largeur, un peu trop restreinte, en fait encore ressortir la hauteur. On peut en faire l'ascension jusqu'à la lanterne, aux pieds de la statue de l'Immaculée, en rencontrant, dans le parcours, plusieurs galeries qui représentent le séjour céleste des anges et des saints.

De ce sommet aérien, d'où il a dominé le panorama de la ville et de la mer et souvent découvert au loin les côtes de l'Angleterre, le pèlerin peut descendre en terre pour visiter la crypte de la basilique. Elle s'étend sous tout l'édifice et c'est une des plus vastes qui existent. L'entrée actuelle se trouve au vestibule du portail latéral de l'église. On y voit d'abord une curieuse représentation en bois de l'église et du dôme.

La crypte est divisée en de nombreux couloirs et salles. De celles-ci plusieurs sont anciennes; les autres sont le résultat des excavations faites par Mgr Haffreingue. Presque partout on retrouve le pied des murs de la cathédrale détruite en 1799.

La crypte est séparée en deux parties inégales par le couloir d'accès (VIII). Si l'on s'avance jusqu'au milieu,

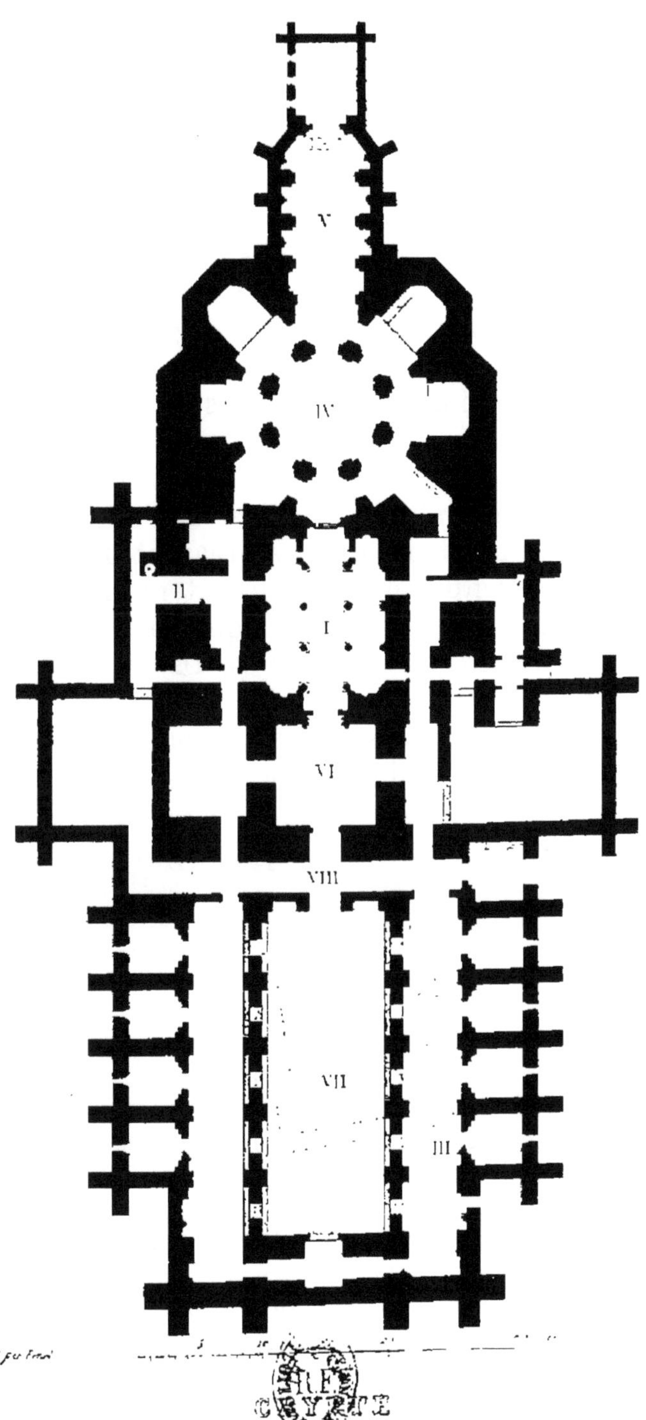

CRYPTE

de l'Église Notre-Dame de Boulogne

de Mgr Claude le Tonnelier de Breteuil, avec une inscription sur une lame de cuivre scellée au même endroit; et la tête de celui que le cardinal Pie appelait l'illustre François-Joseph de Partz de Pressy.

A gauche du couloir d'entrée, on voit la plus vaste chapelle de la crypte (VII). Sur l'autel est vénérée la statue noire de Notre-Dame de Boulogne qui fut exposée, après la Révolution, dans l'église Saint-Joseph. Le pointillé du plan donne la situation et les dimensions du temple romain, dont les débris ont été retrouvés à cet endroit.

Enfin dans la suite des caveaux, que dessert le couloir (III), on a réuni des débris de l'ancienne cathédrale et spécialement un chapiteau et un tronçon de colonne du temple païen, qui datent du IIIe siècle. Les boulets de pierre sont ceux que l'artillerie anglaise lançait, pendant le siège de 1544. Ils ont suffi, comme ce livre l'a dit, à renverser le clocher de l'église.

En laissant ces restes accumulés par les siècles et en remontant à la basilique, le visiteur et le pèlerin admirent la constante protection de la Vierge dans la conservation de ce temple privilégié.

BIBLIOGRAPHIE

Cartulaire de l'église abbatiale Notre-Dame de Boulogne-sur-Mer, recueilli, annoté et commenté par l'abbé Haigneré, 210 articles de l'an 1067 à 1567 (*Mémoires de la Société académique de l'arrondissement de Boulogne-sur-Mer*, t. XIII, p. 89-360).

La manière de la fondation et augmentation de l'église Nostre-Dame en Boullongne, manuscrit petit in-4o du XVe siècle, illustré de miniatures (bibliothèque de l'Arsenal, à Paris, Hist. F. nº *250*). Le texte et les miniatures ont été reproduits par l'abbé Haigneré, dans l'*Étude sur la Légende de Notre-Dame de Boulogne*, citée ci-après.

R. Père Alphonse de Montfort, capucin. *Histoire de l'ancienne Image de Nostre-Dame de Boulongne sur Mer*, avec une belle gravure de Michel Lasne (M. L.), Paris, 1634.

R. Père Jacques d'Auvergne, minime, *Poëme héroïque sur l'histoire miraculeuse de Nostre-Dame de Boulongne*, Lille (1682). Texte reproduit par l'abbé Haigneré, dans l'*Étude* précitée.

Antoine Le Roy, chanoine et archidiacre de Boulogne. *Histoire de Nostre-Dame de Boulogne*, Paris, 1681; 2e édition, Paris, 1682; 3e édition, Boulogne, 1704.

Les pièces justificatives ou *Preuves de l'Histoire de Nostre-Dame de Boulogne* réunissent les documents anciens les plus intéressants relatifs à cette histoire, et les citations renvoient aux auteurs anciens qui en ont parlé.

Du même, *Abrégé des miracles, grâces et faveurs obtenues par l'intercession de Nostre-Dame de Boulogne*, Paris, 1681.

Du même, *Abrégé de l'histoire de Nostre-Dame de Boulogne*, Boulogne, 1696; trois éditions.

Du même, *Histoire abrégée de Notre-Dame de Boulogne*, 4e édition, Boulogne, 1764; nouvelle édition, Boulogne et Paris, 1827.

La même, 9e édition, suivie de la continuation de cette histoire... jusqu'en 1839 (par P. Hédouin), Boulogne, 1839.

- Chanoine Daniel Haigneré, *Histoire de Notre-Dame de Boulogne*, Boulogne, 1857; plusieurs éditions.

Du même, *Abrégé de l'histoire de Notre-Dame de Boulogne*, Boulogne, 1857; plusieurs éditions.

Du même, *Notice archéologique, historique et descriptive sur la crypte de l'église cathédrale Notre-Dame de Boulogne*, 3e édition, Boulogne-sur-Mer, 1863 (1re édition, en 1851).

Du même, *Étude sur la légende de Notre-Dame de Boulogne*, Boulogne-sur-Mer, 1863. Illustré.

Du même, *Mgr Haffreingue, sa vie et ses œuvres*. Boulogne, 1871.

Du même, *Dictionnaire historique et archéologique du*

département du Pas-de-Calais, arrondissement de Boulogne, t. I, Arras, 1880.

Du même, *Recueil historique du Boulonnais* (notices, articles, éphémérides). Annoté, documenté et illustré par A. de Rosny, Boulogne-sur-Mer, 1900, 3 vol. (Sceaux, enseignes de Notre-Dame, vitrail de Rigny).

Chanoine F. A. Lefebvre, *Histoire de Notre-Dame de Boulogne et de son Pèlerinage*, Boulogne-sur-Mer, 1894. Deux éditions dont une illustrée.

Maxime de Montrond. *Notre-Dame de Boulogne-sur-Mer*, Lille et Paris (1868).

Abbé Félix Ducatel, *Mois de Marie de Notre-Dame de Boulogne*, Abbeville, 1912. Illustré.

Du même, *Vie de sainte Ide de Lorraine, comtesse de Boulogne*, Tournai, 1900. Illustrations.

Boulogne-sur-Mer et la région boulonnaise, 2 vol., Boulogne 1899. Mémoires de divers auteurs, notamment, au t. I, ceux du Dr Hamy, sur *Boulogne dans l'antiquité;* de M. H. Malo, sur *Boulogne, du Moyen Age, jusqu'à nos jours ;* de M. Camille Enlart, sur les *Monuments anciens de Boulogne;* du chanoine Joncquel, sur *Boulogne religieux*. Illustrations.

Notre-Dame de Boulogne. Documents pour servir à l'histoire de cette église (Bibliothèque communale de Boulogne).

Alph. Lefebvre, *Étude sur les plombs ou enseignes de pèlerinage et en particulier sur ceux de Notre-Dame de Boulogne-sur-Mer*, Boulogne, 1866.

Descrizione dell'altare consecrato a Nostra Signora dal principe romano don Alessandro Torlonia nel templo uovellamente reedificato in Boulogne-sur-Mer, di Francia. Roma, 1863.

Monographie des peintures à fresque de Ch. Soulacroix, sous le dôme de Notre-Dame de Boulogne-sur-Mer, Boulogne, 1865.

Mgr Parisis, *Lettres pastorales*, sur Notre-Dame de Boulogne, Arras, 1857.

Mémoires de la Société académique de l'arrondissement de Boulogne-sur-Mer et *Bulletin* de la même société. Nombreux articles et documents, spécialement au t. IX du *Bulletin*,

p. 636, texte de deux documents concernant le pèlerinage de Notre-Dame de Boulogne et provenant des archives du Vatican.

Le Messager de Notre-Dame de la Mer, puis de *Notre-Dame de Boulogne*, fondé en 1896. Spécialement, en 1911, et janvier 1912, les rapports du congrès marial tenu à Boulogne, le 30 août 1911.

Chanoine Rambure, *Notre-Dame de Boulogne et l'Angleterre*, Boulogne, 1911. Tirage à part d'un rapport du congrès marial.

R. Père Delattre, des Pères Blancs, archiprêtre de Carthage, *Deux enseignes de pèlerinage de Notre-Dame de Boulogne, trouvées à Carthage en 1913*. Paris (1914). Tirage à part d'un article de la revue *Notre-Dame*.

Bernard St-John. *L'épopée mariale en France à travers les âges*. Paris, 1911. Deux études sur Notre-Dame de Boulogne-sur-Mer et Notre-Dame de Boulogne-sur-Seine.

Penel-Beaufin, *Histoire de Boulogne-Billancourt*, 1904.

Mgr Lejeune, archiprêtre de Boulogne, *L'existence d'un siège épiscopal antique à Boulogne*, Boulogne, 1907.

Abbé Sauvet, *Les principales Madones du diocèse d'Arras*, Arras, 1923, neuf lectures sur N.-D. de Boulogne.

Officia propria sanctorum insignis ecclesiæ cathedralis et diœcesis Morino-Boloniensis, Boloniæ, 1756.

Officia propria et Missæ propriæ diœcesis Atrebatensis: Die xxii octobris. *Beatæ Mariæ Virginis Boloniensis*, Turonis, 1918.

De plus, les historiens de Boulogne, du Boulonnais, de la région du Nord; les ouvrages sur les *Pèlerinages de France*, notamment : le P. Drochoz. Paris, 1890; le Père Rouvier, Tours, 1899; M. Hamon, *Notre-Dame de France*. D'innombrables articles dans les revues et journaux. Les archives de la basilique sont riches de documents contemporains.

TABLE DES MATIÈRES

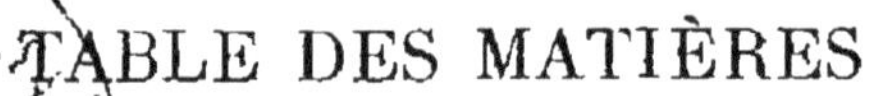

Imp. Letouzey et Ané, 87, Boulevard Raspail, Paris-vi
R. C. Seine 49141

www.ingramcontent.com/pod-product-compliance
Ingram Content Group UK Ltd.
Pitfield, Milton Keynes, MK11 3LW, UK
UKHW022025170726
13837UKWH00001B/414

9 782329 201160